污染环境罪
典型案例侦诉辩审评析

张学永　孟庆勇　主编

中国人民公安大学出版社

·北　京·

图书在版编目（CIP）数据

污染环境罪典型案例侦诉辩审评析 / 张学永，孟庆勇主编 .—北京：中国人民公安大学出版社，2021. 1

ISBN 978-7-5653-3441-2

Ⅰ.①污…　Ⅱ.①张…②孟…　Ⅲ.①破坏环境资源保护罪—研究—中国　Ⅳ.①D924.364

中国版本图书馆 CIP 数据核字（2021）第 008135 号

污染环境罪典型案例侦诉辩审评析

张学永　孟庆勇　主编

出版发行：中国人民公安大学出版社
地　　址：北京市西城区木樨地南里
邮政编码：100038
经　　销：新华书店
印　　刷：北京市泰锐印刷有限责任公司

版　　次：2021 年 1 月第 1 版
印　　次：2021 年 11 月第 2 次
印　　张：7. 75
开　　本：880 毫米×1230 毫米　1/32
字　　数：180 千字

书　　号：ISBN 978-7-5653-3441-2
定　　价：35. 00 元

网　　址：www. cppsup. com. cn　www. porclub. com. cn
电子邮箱：zbs@ cppsup. com　zbs@ cppsu. edu. cn

营销中心电话：010-83903991
读者服务部电话（门市）：010-83903257
警官读者俱乐部电话（网购、邮购）：010-83901775
法律图书分社电话：010-83905745

编写说明

本书上编由张学永、李绪金编写，中编和下编由孟庆勇、王淑华、岳宗恩、季兴彪、孟凡序编写和整理，思维导图由孟凡序制作。全书由张学永、孟庆勇统稿。

编者简介：

张学永　中国人民公安大学副教授、硕士研究生导师

孟庆勇　北京国拓律师事务所主任

李绪金　山东省淄博市公安局食药环支队大队长

王淑华　辽宁警察学院副教授

岳宗恩　山东省聊城市公安局法制支队支队长

季兴彪　河南警察学院教学质评中心副主任

孟凡序　北京国拓律师事务所实习律师

序

当前，生态环境问题已经成为党和国家在社会治理领域空前重视的重大民生问题之一，污染环境犯罪的治理也是执法机关和司法机关日常工作中的一项重要内容，加强污染环境犯罪的理论和实务研究具有重要意义。我中心张学永博士作为主编之一的《污染环境罪典型案例侦诉辩审评析》一书，对于当前环境保护和治理工作具有积极的参考借鉴价值，值得肯定。

概括起来，《污染环境罪典型案例侦诉辩审评析》一书具有以下几个鲜明特点：

一是对当前理论界比较关注的重点尤其是争议问题进行了认真的梳理和研究。比如关于环境犯罪刑事执法过程中存在的一些疑难问题、行政执法与刑事执法的衔接、刑事立法的一些争议问题等，都进行了较为深入的思考。同时，对环境犯罪的因果关系理论、客观归责理论、主观罪过等问题，亦进行了较为深入的讨论，并旗帜鲜明地提出了自己的观点。理论是实践的导引，只有从理论上厘清争议、达成共识，才能更好地发挥理论指导执法和司法实践的作用。

二是选取了实践中比较有代表性的案例并进行了深入剖析。所选案例涉及共同犯罪、污染环境结果的认定、多因一果的法律责任认定、环境公益诉讼、环境损害赔偿、生态环境修复责任等方面的问题，这些问题都是在当前的执法和司法中必须面对和解决的问题，具有重要的理论和实践价值。

三是在典型案例的分析中引入了思维导图，并用思维导图贯穿了整个案例刑事诉讼的过程。污染环境案件，具有犯罪时间跨度长、空间地域广、涉案人员众多、实施犯罪次数多并时有交叉、污染物成分复杂等特点，此类案件的侦查，也就容易出现因线索头绪多而顾此失彼的现象。思维导图很好地解决了这一问题。通过思维导图，每一起案件从预谋、准备到实施，每个犯罪嫌疑人在共同犯罪中的地位和作用，便一目了然、条理清晰。

四是在评析部分，增加了“侦查重点”内容。污染环境案件的侦查，专业性、技术性都较强，公安机关的食药环侦部门又是新组建的部门，新人多并且可以借鉴的经验较少。本书理论与实务结合较为密切，对污染环境犯罪的侦查，提供了较为全面的侦查思路和侦查方向。

五是本书的编写人员具有较为完善的知识结构和全面的团队构成。本书的编者，既有公安院校的教学研究人员，也有地方公安机关的专家型领导干部和一线食药环侦查人员，还有从事辩护工作的律师，能够形成较为全面的研究视角，形成合力。理论与实践在本书中实现了较好的融合。

六是尽自己最大努力，不留遗憾，是本书编者的目标。全书经过了多次认真的修改，几易其稿，最后呈现在读者面前的成果，是全体编者共同努力的结果。对于污染环境犯罪专业性问题，他们一丝不苟，每一个有疑问之处，都多次进行商讨、研究。当然，书中的理论观点不一定能为所有读者接受，但是编者认真的态度、为执法和司法实践服务的初心，值得尊重。

可以说，本书对于环境行政监管部门、公安机关环境犯罪侦查部门、检察机关、审判机关等，都具有积极的参考价值。尤其是本书案例中的思维导图，对于侦查机关把握侦查重点、全面收集固定证据，对于检察机关把握全案的控辩争议焦点、了解判决结果、采信控辩双方意见情况，以及审判机关更迅速、更直观地把握整个案件的来龙去脉，全面把握案件事实，都具有很好的引导作用和参考价值。

李春雷*

2020 年 11 月

* 中国人民公安大学犯罪学学院教授、博士生导师，食品药品与环境犯罪研究中心主任。

目　录

上编　理论研讨

专题一　我国环境刑事执法中的若干疑难问题　// 3
专题二　当前我国环境犯罪防治现状与难题　// 10
专题三　国际环境违法犯罪理论发展及镜鉴　// 17
专题四　我国环境犯罪若干问题的法律经济学分析　// 26
专题五　我国环境刑事司法解释修订沿革及其价值取向　// 37

中编　典型案例评析

案例 1：成都益×××××有限公司、成都晨光×××××有限公司污染环境案　// 47
案例 2：张×江、顾×良等污染环境案　// 79
案例 3：沈××等污染环境案　// 104
案例 4：杨×A、杨×B 等人污染环境案　// 127
案例 5：刘××污染环境（致人死亡）案　// 157
案例 6：戴×、周××、徐××等污染环境案　// 166

案例7：肖××、赖××、何××等污染环境案 // 184

下编 相关法律法规及司法解释摘编

一、相关法律条文 // 199
二、最高人民法院 最高人民检察院《关于办理环境污染刑事案件适用法律若干问题的解释》 // 204
三、最高人民法院《关于审理环境民事公益诉讼案件适用法律若干问题的解释》 // 211
四、最高人民法院《关于审理环境侵权责任纠纷案件适用法律若干问题的解释》 // 218
五、最高人民法院 最高人民检察院 公安部 司法部 生态环境部印发《关于办理环境污染刑事案件有关问题座谈会纪要》的通知 // 223

上编　理论研讨

专题一　我国环境刑事执法中的若干疑难问题①

一段时期以来，党和政府高度重视生态环境问题，并将相关的环境违法犯罪行为治理作为执法和司法的一项重要工作。但是，当前环境违法犯罪的治理尚存在一些较为疑难的问题。环境犯罪的危害性无须赘言，法律对环境犯罪问题的规制成效有限，而原因则是多方面的。其中最主要原因在于对环境违法及犯罪行为的惩罚力度不够，使得环境犯罪的收益远远大于其成本。在刑法理论上，环境犯罪领域内有几个重大理论问题尚存在一定的争议，如主观罪过的认定、过失危险犯的设立、严格责任的引入、因果关系的确定、环境行政执法和环境刑事执法的衔接等，理论上的争议带来了执法上的一些困惑甚至空白。此外，还有一个主要的原因在于环境刑事执法取证依然困难重重，由于环境犯罪的隐蔽性、危害的潜伏性和持久性，使得环境犯罪侦查过程中存在取证难、主观罪过难以认定、因果关系不够明晰等疑难问题。我们力图通过对相关环境犯罪基础理论和环境刑事执法实践的综合研究，厘清理论争议，破解执法难题，从而加大对环境犯罪的惩治力度，遏制日益严重的环境犯罪。

① 本专题部分内容发表于《人民论坛》2018 年 6 月下期。

一、环境刑事执法的研究价值及其对生态环境的重要意义

随着社会经济生活的不断发展，人类对资源的过度开发和环境污染等，环境生态问题变得越来越严重，对当下人类甚至子孙后代带来的消极影响日益凸显，因而环境问题受到越来越多国家的重视。

改革开放以来，我国社会经济建设取得了令人瞩目的成就，但与此同时，经济的飞速发展也带来了生态环境的污染和破坏。很长一段时期以来，由于方方面面的原因，我国环境刑事执法的效果一直不够理想。水体污染、大气污染、土地污染等严重侵害人民群众切身利益的恶性案件时有发生，严重破坏了人们赖以生存的生态环境，部分地区生态环境不断恶化，对人民群众的身心健康造成了严重威胁。

近些年来，尤其是党的十九大以来，党和政府对生态环境问题的重视程度不断提升，人民群众对美好宜居生态环境的期待也进一步增强。为了应对日益严重的生态环境问题，我国法律也不断修改完善，建立了比较严密的生态环境治理体系。其中，刑法是社会治理的最后一道防线，刑事制裁是规制环境犯罪行为最后的法律手段。其中，环境刑事执法是启动刑事制裁的首要一步，其重要性不言而喻。

为应对环境违法犯罪较为严重的社会形势，各地公安机关先后成立专门的执法队伍，应对环境违法犯罪行为。正是由于新的专业执法队伍的出现，使环境刑事执法的效果也得到了明显的改善。但是，当前的环境刑事执法尚存在一些问题和困难，环境刑事执法的效果与人民群众对碧水蓝天的期待仍有一定的距离。

当前，我国环境生态面临日益严峻的形势，各类重大环境资

源破坏和污染事故时有发生。一方面，和我国社会经济的飞速发展直接相关——对经济效益的积极追求和对效率的过度迷恋使我们忽视了经济发展过程中所付出的生态资源环境严重恶化的高昂代价；另一方面，毋庸讳言，也与对环境违法犯罪行为的惩治不力密切相关。我国环境刑事执法的现状仍然存在一定问题，执法质量和效果有待进一步提升。基于此，以环境刑事执法的疑难问题作为选题进行研究，具有重大的理论和实践意义。

二、当前我国环境刑事执法存在的问题

（一）环境刑事执法效果与环境犯罪的现状存在紧张关系

刑法是维护社会最后的手段。在其他部门法能够规制一些违法行为时，刑法没有必要出场，这正是刑法的谦抑性所在。而任何一种犯罪，都是社会危害性严重的违法行为的升级，违法到犯罪是量变到质变的过程。环境违法犯罪也是一样，执法机关对普通的环境违法行为进行相应的行政处罚，而对环境犯罪进行刑事制裁。

由于环境违法犯罪行为大都是逐利行为，有关行为人为了追求经济利益而不惜冒着被处罚的风险。根据法律经济学的原理，在刑罚强度不变的情况下，理性的犯罪人实施犯罪的意愿和其被处罚的概率成反比，当被处罚的概率越低时，行为人犯罪的冲动会越强烈。由于环境犯罪隐蔽性强，使得行为人被处罚的概率相对较低，在不增强处罚力度的情况下，环境犯罪行为很难根治。

正因如此，我国刑法修正案（八）将重大环境污染事故罪修订为污染环境罪，对罪状表述和构成要件作了重大调整，降低了入罪门槛，提升了环境犯罪的入罪概率。最高人民法院等有关机关也针对环境犯罪案件办理发布多个司法解释，加大对环境犯罪

的打击力度。之后环境刑事执法案件数量有了明显提升，执法效果也有明显改善。但是，当前我国环境刑事执法的力度和环境犯罪的现状仍不相协调，执法效果与人民群众的期待尚有差距。

（二）环境犯罪隐蔽性强且潜伏周期长

由于环境犯罪的隐蔽性强，导致执法机关难以发现一些环境犯罪行为。比如，有的企业布设排污暗管，有的企业将严重污染物掩埋等犯罪手段高度隐蔽，导致其行为初期很难被发现，只有造成了较为严重的后果时才案发，在有些案例中已经给人民群众生命财产造成了巨大损失。查处困难、部分人因而存在侥幸心理也是造成不少个人和企业铤而走险的关键原因之一。

还有些环境犯罪的危害后果潜伏周期长，为查处带来了很大难度，同时也为后续因果关系的认定带来了困扰。

（三）环境犯罪因果关系和主观罪过的认定存在困难

环境犯罪因果关系的认定无论在理论上还是实践中都是一个疑难问题。也正因如此，日本刑法理论发展出了疫学因果关系理论。在众所周知的渤海湾漏油事件中，作为被告方的康菲石油和中海油即辩解，养殖户的损失和漏油事件没有法律上的因果关系。在潜伏周期更长的一些环境公害案件中，因果关系的认定更是一个法律上的难题。

除了因果关系认定困难之外，环境犯罪行为人的主观罪过问题也是执法和司法实践中的一个争议问题。在刑事诉讼证明中，行为人的主观罪过证明本就相对困难，在环境犯罪等法定犯领域更是如此，没有主观罪过是行为人常见的辩护理由。

（四）行刑衔接机制有待进一步完善

由于环境犯罪和环境违法关系密切，而环保部门等其他国家机关也有一定的查处环境违法的权限，这就存在一个环境行政执法和环境刑事执法衔接的问题。

由于我国的区域差异性，各地执法尺度不一，甚至存在部分地区的地方性法律法规与上位法相冲突的情形。这在一定程度上造成了环境执法行刑衔接的混乱，个别地区存在该移送不移送或者移送不及时导致贻误战机的情形。

三、环境刑事执法对策建议

（一）完善行刑衔接机制，加强联合办案

环境刑事执法的主体为公安机关，环境行政执法的主体除了公安机关之外，还有环保部门等其他行政机关，而环境违法案件和环境犯罪案件是紧密相连的，有时候二者的界限并不那么清晰，需要初步调查取证之后才能判断案件的性质，因此存在环境行政执法机关在调查后发现涉嫌刑事犯罪从而需要将案件移送的情形。

在当前的执法实践中，由于环境犯罪的认定具有一定的裁量空间，存在一定的模糊地带，再加上专业性及取证手段局限等原因，环境行政执法部门在案件办理时，可能存在未及时移送案件而导致证据被损毁、灭失的情况，甚至有个别案件存在应移送而不移送的情形，影响了环境犯罪的打击效果。

基于上述原因，部分地区如山东淄博、云南昆明等地创新工作机制，建立了公安机关和环保部门联合、联动的执法机制，在日常执法过程中加强合作，充分发挥各自优势，形成行刑执法的良好衔接。

（二）加强专业人员培训力度，提升执法人员专业素养

如前所述，近些年来，各地公安机关先后成立了环境执法的专门机构，其中有的是专门的环境保护分局，有的是食品药品环

境等几类综合在一起的机构，比如北京市公安局于 2017 年初成立了环境食品药品和旅游安全保卫总队。由此，环保警察成为相对专业的执法队伍。

虽然各地公安机关先后成立了相对专门的环境执法团队，但是，这支环保警察队伍毕竟处于初生阶段，相关执法人员的专业素养参差不齐，有些是从其他岗位调整而来的，再加上环境犯罪本身的专业性和复杂性，环境刑事执法尚存在不少问题。

因此，今后应加强针对环保警察的专业培训，提升其刑法、刑诉法、侦查取证、检验鉴定等方面的综合知识和专业素养，提升环境刑事执法的侦查取证质量，使这支队伍具有更强的战斗力。

（三）贯彻宽严相济刑事政策，加大打击环境犯罪的力度

当前环境违法犯罪的严峻形势和人民群众对美好宜居环境的期待存在矛盾，为了解决这一矛盾，应贯彻宽严相济刑事政策，严厉打击危害民生的环境犯罪行为。我国刑法对环境犯罪的有关修订及新近的司法解释，都体现了这样的倾向。

具体而言，一方面，对于环境犯罪应严格执法，对有关责任人员及时采取强制措施，及时收集固定证据，保证办案质量，确保追究责任人员的刑事责任；另一方面，综合采取各种手段，提高查处打击环境犯罪的概率，更好地预防此类犯罪的发生。

（四）建立执法和司法联动机制，形成打击合力

环境刑事执法只是打击环境犯罪的一个环节，后续刑事责任的追究还需经过检察机关的审查起诉环节和法院的审判环节。因此，统一的执法和司法标准，对于刑事诉讼的顺利进行无疑具有重要意义。

在环境犯罪因果关系的认定方面，应重视鉴定意见和检验报

告的证据能力，综合考虑全案的其他证据妥善认定。由于证据的证明力需要经过检法两家的审查评判，因此，在鉴定检验主体、鉴定检验程序等影响证据资格和证明力的问题上，环境刑事执法工作人员一定要严格依法取证和固定证据。

在主观罪过方面，一些罪名的认定虽然存在一定的争议，但目前主流的观点认为，污染环境罪的主观罪过不应局限于故意或过失，而应包含混合罪过，即故意或过失均可构成。在主观罪过的证明上，应当考虑宽严相济的刑事政策，降低执法机关和公诉机关的证明责任，必要时应采用罪过推定的证明方式。

总体而言，环境刑事执法应立足于刑事诉讼的全流程，在证据收集固定、证明标准的把握、案件性质的认定方面，努力和检法机关达成一致意见，确保整个刑事诉讼的顺利进行，保证打击环境犯罪的整体效果。

专题二　当前我国环境犯罪防治现状与难题[①]

一、当前我国环境犯罪防治状况

当前生态环境质量已经成为关系人民群众生活质量的重大民生问题，党和政府高度重视，相关法律法规不断完善，执法和司法也随着宽严相济刑事政策的贯彻而趋于严格。各地打击环境违法犯罪的效果日益明显。

根据海南省政府召开的新闻发布会披露，2017 年海南省各级环保部门以大气污染、水污染和固体废物污染等突出环境问题为整治重点，持续加强环境监察执法力度。一年期间全省环保部门共查处环境违法案件 1114 件，罚款总金额 1.04 亿元；移送公安机关涉嫌环境污染犯罪案件线索 3 件。罚款额度同比大幅提升，超过了“十二五”期间的总和。

湖北省环保厅召开的 2017 年全省环境执法监管工作情况新闻发布会通报，2017 年，全省各级环保部门共实施行政处罚案件 3484 件，罚款金额约 2.53 亿元，与去年同期相比，分别增长 1.1%和 13.38%。2017 年，湖北省环境执法行政处罚案件数较去年同期小幅上扬，但行政处罚金额与去年同期相比增长 13.38%。

---

① 本专题部分内容发表于《环境经济》2019 年第 2 期。

据湖北省环保厅相关负责人介绍，2016 年全省环保行政处罚金额超过了前四年的总和，但 2017 年的增幅仍有 13.38%，创下历史新高。另外，全省各级环保部门适用《环境保护法》4 个配套办法和移送涉嫌犯罪案件数量共计 910 件，案件总数同比增长 14.47%。其中按日连续处罚额增长 14%，查封扣押案件增长 48%，涉嫌环境污染犯罪移送案件增长 42%。

整体而言，我国环境违法犯罪的治理力度明显加强，也取得了较为突出的效果。但是，环境犯罪的治理仍然存在区域差别过大、执法标准不够统一等问题，如何更好地运用刑事法律规制环境犯罪行为，仍需要进一步深入研究。

二、当前我国环境犯罪防治的难点问题

（一）立法方面

当前我国的环境犯罪主要规定在刑法典中。我国刑法典中环境犯罪的有关罪名主要是第六章“妨害社会管理秩序罪”中的第六节“破坏环境资源保护罪”，包括污染环境罪，非法处置进口的固体废物罪，擅自进口固体废物罪，走私固体废物罪，非法捕捞水产品罪，非法猎捕、杀害珍贵、濒危野生动物罪，非法收购、运输、出售珍贵濒危野生动物、珍贵、濒危野生动物制品罪，非法占用农用地罪，非法采矿罪，破坏性采矿罪，非法采伐、毁坏国家重点保护植物罪，非法收购、运输、加工、出售国家重点保护植物、国家重点保护植物制品罪，盗伐林木罪，滥伐林木罪，非法收购、运输盗伐、滥伐的林木罪，另有部分涉及环境犯罪的个别罪名分布在其他章节。

但是，我国当前的环境犯罪立法仍然存在部分缺陷，比如没有专门针对大气污染、海洋污染、内水污染、噪声污染等方面的

犯罪，而只有一个污染环境罪。因为大气污染、海洋污染、内水污染、噪声污染行为的社会危害性、行为方式、危害后果、因果关系的认定等问题各有其独特性，因此设立不同的罪名对相关行为进行规制更为科学合理，也比较符合国际惯例。我国当前关于环境犯罪的刑事立法尚有很大的完善空间。

（二）执法方面

针对我国环境犯罪的刑事执法已经取得了巨大的进步，很多地方成立了专门的环保警察，比如北京地区成立了专门的食药环旅执法警察队伍，其他地方成立的食药环执法专业队伍等，虽然队伍的名称有所差异，但都有相对专业的针对环境犯罪的执法人员。但是，由于环境犯罪具有特殊性，其侦查取证比较复杂，对执法人员的要求也比较高。尤其是污染环境犯罪，由于行为的隐蔽性强、危害结果的潜伏期较长、鉴定成本高昂、因果关系认定存在困难等多方面的原因，行为人主观罪过及客观危害行为的认定存在现实困难，对环保警察提出了很多严峻的挑战。整体而言，环保警察队伍的素质尚需进一步提高。

（三）司法方面

环境犯罪的认定是一个复杂的过程，目前虽然我国环境犯罪的案件办理数量快速增长，但是，并未能完全遏制环境不断恶化的严峻形势，空气、水、土壤、海洋等污染问题仍然是严重损害人民群众生活环境、影响人民群众生活质量的突出问题。究其原因，主要是由于环境犯罪的认定较为困难、环境犯罪被发现并处置的概率较低、环境犯罪的刑罚配置偏低等多方面的原因。

环境犯罪具有很强的隐蔽性，比如一些污染环境犯罪，采用暗管偷排、异地掩埋等比较隐蔽的方式实施，给查处带来了很大的难度。即使有些行为被发现，也可能由于时间的流逝导致证据灭失，或由于鉴定成本等方面的问题导致因果关系难以认定，最终影响犯罪行为的认定。

还有一个重要的问题在于环境犯罪的刑罚配置相对较低。环境犯罪的行为人绝大多数都是出于追求经济利益的考虑，根据法经济学原理，当其实施犯罪行为被查处的概率越低、被判处的刑罚越低时，其实施行为的动机就越强烈。因此，预防此类犯罪需要判处较为严厉的刑罚，增加行为人的违法犯罪成本，尤其是在其被查处概率较低的情况下。但是，我国当前环境犯罪的刑罚配置普遍偏低，比如备受关注的腾格里沙漠被污染案，行为人只被判处了缓刑和罚金 5 万元，刑罚的严厉性明显偏低。

三、我国环境犯罪的防治对策建议

（一）立法方面

一方面，扩充罪名。我国应进一步完善环境犯罪的立法。已经有学者呼吁，我国刑法典应当对环境犯罪设立专门的一章，并扩充环境犯罪的罪名。比如，我国当前的空气污染、内水污染、海洋污染、土壤污染等问题的严重性有目共睹，严重影响了人民群众的生命健康和财产权益，但是，关于污染环境的犯罪只有一条污染环境罪，并且入罪标准的明确性仍有待加强。因此，针对空气、内水、海洋、土壤等污染行为的特性，可以分设不同的罪名，明确各自的犯罪构成和入罪标准，有利于进一步打击相关的犯罪行为，更好地保护环境法益。

另一方面，引入严格责任制度。由于环境犯罪的认定需要贯彻主客观相结合的刑法原则，因此，相关行为人的主观罪过就是一个必不可少的犯罪构成要件，这也是刑法责任主义的基本要求。但是，由于执法和司法实践中主观方面证明的困难，导致实践中打击相关犯罪的力度大打折扣，实践中对于污染环境罪的主观罪过就有很大的争议，给执法和司法实践人员带来了一定的困扰。对此，我们可以借鉴国外的严格责任制度，实行相对的严格责任，即在执法和司法实践中实行罪过推定，在没有相反证据的情况下，推定行为人具有主观罪过，执法和司法机关无须单独就罪过问题提供证据。

（二）执法方面

一方面，加强执法人员专业培训。由于环境犯罪的执法专业性强，但是当前的环保警察整体素质还难以完全适应实践的需要，有些环保警察是从其他岗位直接调整而来的，并未进行专门的培训。因此，应当加强执法人员的专业培训，全面提升执法人员的职业素养，提高环境刑事执法的质量。

另一方面，加强环境执法的行刑衔接。环境犯罪具有行政犯的属性，和我国的环境保护法律法规具有极为密切的联系。一般而言，行政犯以违反行政法律法规为前提，环境犯罪行为首先违反了环保法律法规，在很多情况下首先介入处理的是环保等行政执法部门，构成犯罪的移送公安机关展开刑事侦查取证工作。但是，实践中环境行政执法和刑事执法的衔接还不够顺畅，有必要进一步理顺环境执法的行刑衔接机制。

（三）司法方面

一方面，完善和加强环境公益诉讼制度。环境犯罪危害性强，受害者众多，侵犯的客体复杂。当前环境公益诉讼制度已经对打击环境违法犯罪行为发挥了积极作用。但是，由于诉讼主体、诉讼程序和诉讼能力的局限性，公益诉讼制度尚有进一步完善的空间。只有让环境违法犯罪的行为人全面承担相应的法律责任，才能更好地预防此类行为。

另一方面，应贯彻宽严相济的刑事政策，加大打击环境犯罪的力度。我国环境犯罪的刑罚配置较为宽缓已如前述，在没有修改完善法律的前提下，在现有刑罚配置的法定刑幅度内，也可以从重判处较高的宣告刑，提升犯罪分子的违法成本，更好地打击和威慑类似犯罪，起到更好的预防犯罪的效果。

四、结语

环境犯罪的预防和惩治是长期系统的工程。近些年来，尤其是党的十九大以来，党和政府对生态环境问题的重视程度不断提升，人民群众对美好宜居生态环境的期待也进一步增强。为了应对日益严重的生态环境问题，我国法律也不断修改完善，建立了比较严密的生态环境治理体系。

其中，刑法是社会治理的最后一道防线，刑事制裁是规制环境犯罪行为最后的法律手段。除了制裁之外，刑事法律对相关犯罪的预防功能也应得到更大程度的重视，严密完善的刑事法律体系可以有效降低社会治理的成本，从源头上预防环境违法犯罪行为。

当前，为应对环境违法犯罪较为严重的社会形势，我国各地公安机关先后成立专门的执法队伍，应对环境违法犯罪行为。正是由于新的专业执法队伍的出现，使环境刑事执法的效果也得到了明显的改善。但是，如前所述，由于当前的环境刑事执法尚存在一些问题和困难，环境刑事执法的效果与人民群众对碧水蓝天的期待仍有一定的差距，环境刑事执法和刑事司法工作的质量和效果也需要进一步提升。这些都有赖于理论和实务界人士的共同努力。

相信，在党和政府的正确领导之下，我国的生态环境治理工作会取得更大的进步、更好的成效，环境友好型社会的目标一定能够早日实现。

专题三 国际环境违法犯罪理论发展及镜鉴[①]

环境违法犯罪行为日益成为世界各国广泛关注和重视的一类违反社会规则、侵犯社会公共利益的不法行为。由于人类社会的生存环境面临日益严峻的挑战，各国都对破坏环境的违法犯罪行为给予了高度重视。在现代法治框架下规制环境违法犯罪行为是世界各国尤其是法治发达国家追求的目标，我国也在努力治理环境问题，力争为人民群众创造山清水秀、舒适宜居的生活环境。我国对环境违法犯罪的治理也日益重视，但从理论到实践，都有进一步提升的空间。

国外关于规制环境违法犯罪的法律规范相对比较完善，尤其是美、德、日、欧盟等法治发达的国家和地区。美国、德国和日本具有较高的法治发展水平，其环境法治的发展历程和经验教训也值得我们学习借鉴。上述国家在环境违法犯罪规制、环境公益诉讼、环境犯罪中的严格责任、环境犯罪的因果关系认定等方面的理论和实践具有积极的启示意义。我国在环境违法犯罪治理方面，需要完善环境犯罪罪名体系、增设环境犯罪的抽象危险犯和过失危险犯，探索和完善环境公益诉讼制度，考虑借鉴故意或过失推定的相对严格责任制度，并借鉴疫学因果关系理论合理界定

---

① 本专题部分内容已经公开发表于《环境经济》2019 年第 24 期。

环境违法犯罪的危害后果。总体而言，对于环境违法犯罪行为，应加强罚款行政处罚或财产刑的配置力度，提升违法犯罪行为的成本，更好地制裁和预防此类行为的发生。

下面对美国、德国、日本等法治发达国家环境违法犯罪治理方面的经验进行简要介绍，以期能够对我国环境保护的法律应对有所启示。

一、美国环境法治

美国环境法治方面比较有特色的制度包括环境公益诉讼制度和严格责任制度。

环境公益诉讼制度最早出现在《美国清洁空气法》（1970年）中，确立了任何公民对美国政府、行政机关、公司企业等各类社会组织和个人的诉权，即为了维护环境公共利益，任何公民都可以对上述相关主体依法提起诉讼。

美国环境公益诉讼具有主体宽泛、被告可选择、诉讼费用承担比较灵活等特点。所谓主体宽泛，如前所述，一般公民均可提起此类诉讼；所谓被告可选择，即既可以选择侵害环境的主体作为被告，也可以选择环境监管负责人或机关作为被告；诉讼费用方面，一般诉讼是原告承担诉讼费用，但对于环境公益诉讼法院可以判决被告承担诉讼费用。[①] 环境公益诉讼制度的确立，赋予了每一个公民和环境违法犯罪行为作斗争的权利，加大了环境违法犯罪行为的成本，显然有助于更好地保护环境。

（相对的）责任制度也是英美刑法的一大特色。尤其是美国，在涉及环境、食品药品等有关侵犯公共福利的违法犯罪行为的认

---

① 参见贾志民、王敏：《从美国环境公益诉讼制度谈中国环境保护问题的法律对策》，载《华北电力大学学报（社会科学版）》2007 年第 4 期。

定上，确立了严格责任制度。严格责任制度的目的一方面在于提高诉讼效率、降低证明成本，另一方面在于增加侵犯公共福利行为的违法犯罪成本，更好地预防此类违法犯罪行为的发生。

在规制环境犯罪方面，除了司法过程中逐渐演进出的严格责任制度之外，美国对环境犯罪行为人的处罚也具有鲜明的特色。除了对有关行为人可能判处较为严厉的长期监禁之外，行为人还可能承担较为严厉的环境修复责任。[①] 针对犯罪行为预防和犯罪后果的修复方面，美国的上述做法有其合理性。行为人的行为造成了环境的损害，而环境损害的后果要社会公众共同承担，这显然是经济学上“负外部性”的一个体现，如果再让社会公众承担修复环境的代价，显然会导致二次不公。而让行为人承担较为严厉的环境修复责任，无疑提高了行为人的犯罪成本，既保障公正，同时也有利于对此类犯罪的预防。

二、德国环境法治

关于德国环境法治方面，其环境团体诉讼的发展具有自己的特色。《德国基本法》赋予各州在保护自然保护区的自然环境方面的立法权，各州先后对环境团体诉讼进行了相关立法，但是各州对提起环境团体诉讼的条件设置有所不同。总体而言，早期德国各州提起环境团体诉讼的范围比较狭窄。2013 年，《德国环境法律救济法》修订后，对环保团体提起环境团体诉讼的限制有所放开，其目的也从包含个人权利的主观诉讼转向以保护环境法益

① 参见贾学胜：《美国对环境犯罪的刑法规制及其启示》，载《暨南学报（哲学社会科学版）》2014 年第 4 期。

为目的的客观诉讼，此一转变，更有利于对于环境公共利益的维护。①

关于环境犯罪方面，德国刑法的相关研究也走在世界的前列。1980 年德国刑法中就已经纳入环境犯罪的有关内容，虽然相关内容在行政法规中已有所规范，但是立法者认为仅有行政法规范尚不足以应对环境犯罪。将此类犯罪纳入刑法的调整范围，一方面强化了社会公众对其社会危害性的认识，另一方面也表明了立法者意图加强对此类行为的刑事制裁。② 1998 年颁布的《德国刑法典》进一步完善了环境刑法的有关内容，其第二十九章专列了“危害环境”部分，其环境犯罪主要包括两种，一种为污染环境的犯罪，比如水污染罪、空气污染罪、噪声污染罪、土地污染罪、危害环境处理垃圾罪等；另一种为破坏自然资源的犯罪，比如破坏动物资源、破坏自然保护区资源等相关犯罪。③

值得注意的是，虽然德国刑法对污染环境犯罪的认定坚持主客观相结合的原则，但是德国刑法对污染环境的犯罪规定了危险犯，并且处罚一些污染环境犯罪的未遂犯。此外，德国刑法中的污染环境犯罪除了大部分作为犯之外，还包含部分不作为犯。在侵害的法益方面，德国污染环境犯罪侵害的法益不局限于人、动物、植物本身，也包含了环境资源的要素，比如对水的不利改

① 参见吴宇：《德国环境团体诉讼的嬗变及对我国的启示》，载《现代法学》2017 年第 2 期。

② 参见［德］E. 撒姆松：《德国环境刑法的基本原理和问题》，李建明译，载《外国法译评》1994 年第 4 期。

③ 参见李云燕、沈灏：《德国环境犯罪介述》，载《鄱阳湖学刊》2010 年第 4 期。

变。[①] 整体而言，德国刑法体现了对生态环境的严格保护，以及对环境污染犯罪从严打击的态度。

三、日本环境法治

“二战”后日本在经济发展方面取得了巨大的成就，同时也随之产生了困扰日本社会的环境公害问题。环境公害带给社会的危害后果不仅隐蔽，而且持久，尤其是危害后果发生之后很多情况下是不可逆的，给人们的社会生活带来了巨大的伤害和困扰。对于日本传统刑法来说，在刑事责任的追究方面严格坚持责任主义，处罚犯罪人时要求犯罪人必须具有危害行为、危害后果、因果关系和主观罪过。但是在环境公害犯罪中，行为人的主观罪过比较模糊，行为与危害结果的因果关系也不够明确。日本刑法在应对环境公害犯罪方面显得有些力不从心，这促使日本的刑法学学者开始反思传统的刑法理论。

经过众多学者的努力，日本法律在应对环境犯罪方面取得了一些颇具特色的发展。比较典型的理论如疫学因果关系理论、主观罪过方面的危惧感说等。疫学因果关系理论是为了应对环境犯罪因果关系的不确定性和复杂性而产生的。环境犯罪的危害后果具有和其他犯罪不同的特点，比如可能具有长期的潜伏累积性、具有和其他因素共同作用的隐蔽性、危害结果发生的不确定性等。总体而言，疫学因果关系理论降低了环境犯罪因果关系的认定标准，当危害行为和危害结果具有高度盖然性影响时，就可以

---

① 参见吴献萍：《中德环境污染犯罪立法比较研究》，载《河北法学》2012 年第 1 期。

肯定其法律上的因果关系。[①] 疫学因果关系理论实质上是一种事实认定上的推定规则,[②] 在很大程度上解决了一些较为隐蔽的环境犯罪的定罪难题，因此也受到了我国学者的广泛关注和部分学者的推崇。

在环境犯罪的主观罪过认定方面，传统刑法学理论存在局限。由于对一些环境犯罪的危害结果的预见较为困难，因此追究行为人的刑事责任就存在问题。在难以预见危害结果的情况下，为应对环境犯罪主观罪过认定难题的危惧感说应运而生，但在难以预见危害结果的情况下追究当事人的刑事责任有违责任主义原则，危惧感说也因此饱受质疑。出于对环境犯罪的忧虑，日本刑法最终形成了环境犯罪的抽象危险化。[③]

环境犯罪的抽象危险化有助于保护生态环境，使刑法规制环境犯罪的时间大大提前，强化了刑法预防犯罪的效果，也降低了环境治理的社会成本。目前，环境犯罪的抽象危险化已经成为一种世界性的趋势。

四、对我国环境法治的启示

上述国家环境法治的发展历程对于我国环境法治的发展具有积极的启示和借鉴意义。我国经济社会的飞速发展带来的资源环境的压力，和一些发达国家在发展过程中所遇到的问题具有相似

① 参见陈建旭：《日本环境犯罪的刑法理论发展》，载《北方法学》2013 年第 1 期。

② 参见李冠煜：《日本污染环境犯罪因果关系的研究及其借鉴》，载《政治与法律》2014 年第 2 期。

③ 参见陈建旭：《日本环境犯罪的刑法理论发展》，载《北方法学》2013 年第 1 期。

之处，在运用法律手段治理环境违法犯罪方面，法治发达国家做出的有益探索和成功经验都使我们可以少走很多弯路。笔者认为，域外环境法治的发展经验至少可以给我们如下启示：

在环境犯罪的罪名体系方面，我国目前的环境犯罪相关罪名还不够精细，比如在破坏资源环境方面，对于水资源、草原资源、森林资源等自然资源的保护尚不够充分，罪名也不够完善。为了更好地保护自然资源，有必要从立法上进一步完善罪名体系，增设破坏相关自然资源的专有罪名，有针对性地打击相关违法犯罪行为，并更好地预防类似行为的发生。而且，我们应当顺应严格保护环境的世界趋势，增设抽象危险犯，将保护环境的篱笆迁移，避免破坏环境之后虽然可以予以打击惩处但生态环境已经难以恢复的弊端。

在环境犯罪的主观罪过认定方面，可以考虑借鉴美国的相对严格责任制度。由于我国刑法的罪名认定恪守主客观相一致的法治原则，不考虑主观罪过的严格责任没有存在的空间。但是罪过推定的相对严格责任和我国的法律理论体系并不冲突，而且相对严格责任允许当事人提供反证，在刑事责任的追究方面能够保障公正性和司法成本的平衡。

在因果关系的认定方面，疫学因果关系理论已经为我们提供了有效的思路和可操作性证明。因此，考虑到当前我国环境犯罪因果关系认定的困难，吸收借鉴疫学因果关系理论是明智之举。该理论可以更大程度地保护人民群众不受生态环境破坏的危害，同时，由于降低了因果关系认定的难度，可以节约执法和司法成本，对于可能破坏生态环境的相关主体也具有警示意义，从而可以更为有效地预防生态环境犯罪，达到“一石三鸟”的积极效果。

五、预防环境违法犯罪的合理路径选择：加大经济制裁力度

对于环境违法犯罪行为，应加强罚款行政处罚或财产刑的配置力度，提升违法犯罪行为的成本，以更好地制裁和预防此类行为的发生。尤其应当明确的是，除了加强对环境违法的经济制裁（包括行政罚款和财产刑）之外，对于有关环境违法犯罪行为造成的危害后果，应当由行为人承担环境修复的所有成本，这既是公平正义的要求，也是提升治理效率和效果的必然选择。法律经济学中的成本—收益分析方法可以为此提供更好的理论支撑。

以财产刑的经济分析为例，可以说明加大违法犯罪行为治理的必要性。无论在国内还是国外，在刑罚体系中，财产刑作为一种刑罚种类都是一种非常古老的存在，并且随着社会的不断发展，财产刑在法治发达国家得到了非常广泛的适用。在法律经济学研究者看来，财产刑的必要性可以通过罚金刑和民事侵权的赔偿金的比较得到明显的体现。

民事责任的承担难以解决严重的民事侵权问题，即使完美补偿是可能的，民事赔偿金也难以有效地保护合法权益不被侵害的自由，而罚金刑可以更好地做到这一点。同时，当侵权行为比较严重时，用刑事责任的罚金刑取代民事责任的民事赔偿金，也是威慑犯罪的客观需要。从法律经济学的角度看，罚金刑有其自身的优势，具有经济性、人道性、广泛的适应性、误判易纠等优点。

在财产刑的配置方面，应当扬长避短，对一些具有经济或政治因素的重罪配置没收财产刑，对贪利犯罪（环境犯罪多为贪利犯罪）、过失犯罪、单位犯罪的责任人普遍地适用罚金刑，从而充分发挥财产刑的优势，最大限度地避免其弊端。

针对罚金刑执行难的问题，可以考虑设立日额罚金制，从而更好地发挥罚金刑的教育和预防功能，体现刑罚的人道性，保障法律适用的公平和公正。另外，对于恶意不履行罚金刑义务的受刑人，可以设立罚金易科强制劳役或自由刑的制度，为罚金刑的执行提供更好的保障。

总体而言，通过对环境违法犯罪行为处以较高额度的罚款或普遍配置额度较高的罚金刑，并让行为人承担由于环境修复所需支出的所有费用，可以更好地规制和预防此类犯罪行为。

专题四 我国环境犯罪若干问题的法律经济学分析[①]

一、法律经济学理论分析环境犯罪的可行性

随着社会经济生活的不断发展，人类对资源的过度开发和环境污染等环境生态问题也变得越来越严重，对当下人类甚至子孙后代带来的消极影响日益凸显，因而环境问题受到越来越多国家的重视。近年来，我国环境生态也面临日益严峻的形势，各类重大环境资源破坏和污染事故时有发生。一方面，和我国社会经济的飞速发展直接相关——对经济效益的积极追求和对效率的过度迷恋使我们忽视了经济发展过程中所付出的生态资源环境严重恶化的高昂代价；另一方面，毋庸讳言，也与对环境违法犯罪行为的惩治不力密切相关。由于种种原因，我国的环境犯罪进入刑事司法程序的数量极少，很多严重的环境违法行为本应作为犯罪处理，却只是受到行政处罚。这一问题已经受到刑法理论界的充分重视并得到越来越多刑法学者的关注。而且，对地球生态资源和环境的重视正在成为整个社会的共识。

我们所共同生活的地球家园所遭受的掠夺式开发以及我们所赖以生存的生态环境的严重恶化让人深感痛心，我们每一个人都

① 本专题部分内容发表于《理论界》2012 年第 5 期。

对维护我们的碧水蓝天、对维护我们的地球这个生物多样化的美好家园负有不可推卸的责任。令人感到欣慰的是，党和政府充分认识到环境保护问题的重要性并提出，要使生态文明观念在全社会牢固树立，并从制度上发挥市场在资源配置中的基础性作用，充分强调经济法律制度在市场配置资源过程中的重要作用。我们拟从法律和经济学的角度，对环境犯罪的若干争议问题做出法律经济学的分析，以期能够对更加充分发挥刑事法律在保护环境中的重要作用有所裨益。

二、我国环境犯罪若干问题分析——从法律经济学的视角

（一）关于过失危险犯的设立

1. 危险犯的界定。

日本学者木村龟二曾说："危险概念是一个危险的概念。"①因为对危险概念的认识关系到危险犯的认定和理论解说。笔者认为，危险犯意义上的危险，应当从行为客观上造成法益侵害结果的可能性的角度来认识，离开行为客观上造成法益侵害结果的可能性来抽象地谈论危险犯的危险，只是玩弄理论上的空虚的概念，没有任何实际意义。

大陆法系国家刑法理论的通说认为，危害结果是对法益的侵害或侵害的危险，其中的侵害是指造成的现实的结果，危险则是指行为造成现实的侵害结果的可能性。刑法理论还据此将犯罪分为实害犯与危险犯：将对法益的现实侵害作为处罚根据的犯罪称

---

① ［日］木村龟二：《新刑法读本》，法文社1959年版，第263页。转引自张明楷：《刑法学》（第三版），法律出版社2007年版，第153页。

为实害犯，将对法益侵害的危险作为处罚根据的犯罪称为危险犯。[①]

我国有学者立足于处罚根据的角度来界定危险犯的概念，认为行为客观上只要足以造成法益侵害的可能性即进行刑罚处罚的是危险犯，因此未遂犯都是危险犯。[②] 但是笔者认为，这种观点无疑扩大了危险犯的范围，并不可取。还有学者从犯罪成立的角度界定危险犯，认为危险犯是指以行为人实施的危害行为导致了某种特定的危险状态的出现为犯罪成立条件之一的犯罪。根据这样的定义，如果行为造成了危险，就有可能成立犯罪；反之，则不成立犯罪。[③] 也有学者主张，“在我国刑法理论中，应当以客观构成要件要素包含了法定的危险状态为标准对危险犯的概念加以界定，即危险犯是指以行为人出于故意或过失而实施的危害行为造成的法定的危险状态作为构成要件要素的犯罪。”[④] 我国刑法理论的主流观点是立足于犯罪既遂的角度对危险犯概念加以认识的，认为危险犯是指行为人实施的行为足以造成某种危害结果的发生时即构成既遂的犯罪，即危险犯并不要求现实的危害结果的发生，而只要求现实的危害结果发生的危险性。

---

① 参见张明楷：《刑法学》（第三版），法律出版社 2007 年版，第 153 页。

② 参见张明楷：《刑法学》（第三版），法律出版社 2007 年版，第 153-154 页。

③ 参见苏彩霞：《危险犯及其相关概念之辨析》，载《法学评论》2001 年第 3 期。转引自王志祥：《危险犯研究》，中国人民公安大学出版社 2004 年版，第 14-15 页。

④ 王志祥：《危险犯研究》，中国人民公安大学出版社 2004 年版，第 20-21 页。

2. 我国刑法上设立过失危险犯的可行性。

由于我国刑法理论的主流观点立足于犯罪既遂的角度对危险犯概念加以界定，使得过失危险犯和我国的刑法理论难以兼容。因为我国刑法理论的主流观点是，犯罪的停止形态只在故意犯罪之中才有意义，而过失犯罪只有当结果出现时才予以定罪处罚，因此不存在既未遂问题，过失危险犯没有存在的余地。因此有学者明确反对在我国刑法中引入过失危险犯。但是，上述反对引入过失危险犯的学者其实犯了一个逻辑上的错误，即自己先设定了一个过失犯罪只有当结果出现时才予以定罪处罚的虚假前提，然后在此前提之下得出过失危险犯和我国的刑法理论难以兼容的结论。显然，如果立法上规定了过失危险犯，这样的结论则难以成立。而从立法上规定危险犯，在理论上完全说得通，在实践中也是完全可行的。

从理论上说，在故意犯罪中，危险犯的既遂不需要行为造成危害结果的现实发生而只需行为造成危害结果发生的现实危险性，在此情况下发生现实的危害结果的，是结果加重犯。而在某些过失犯罪中，从犯罪成立的角度界定危险犯是可行的，只要有法律的明确规定；造成现实的危害结果的，是结果加重犯，适用刑罚的严厉程度也有所区别。这和我国现有的刑法理论体系完全能够相协调，并没有理论上的矛盾。而且，在司法实践中，也并非不可操作，虽然有时危险的判断是个难题，但是因此而反对过失危险犯的引入，无异于因噎废食。

环境犯罪的危害性已经无须赘述，其犯罪后果的严重性已经得到世界各国的公认。从当今各国刑事立法来看，将污染环境犯罪规定为危险犯已经是明显的趋势。有相当多的国家和地区如日本、奥地利、加拿大、瑞典以及我国澳门地区等都针对污染环境犯罪的特殊性而在刑法中规定了污染环境犯罪是危险犯。其中日本的《公害犯罪处罚法》是专门规定有关环境污染犯罪及其刑罚的单行刑事立法。该法明确规定了过失危险犯，同时规定了过失危险犯发生了实际危害后果的，为结果加重犯。① 日本的环境法制的发展过程值得我们认真思考，日本的四大公害事件②让世界震惊并不断反省。无论是从效用最大化的经济的角度，还是从社会公正的法律的角度来思考，过失危险犯的规定都是合理的。从经济的角度看，虽然环境犯罪的行为人可能从环境违法犯罪行为中获得了一定的经济收益，但是这种收益却是建立在对生态环境安全这种公共产品的损害的基础上，让无辜的公众不合理地分担了自己所获收益的巨大成本，行为人自己的效用增加，同时导致了其他大多数人效用的减少，总的来说还是得不偿失。从社会公正的角度看，这种损害无辜的多数人的较大利益来满足少数人相对较小的利益的行为，从法律上进行评价显然也是极不公正的。

---

① 日本的《公害犯罪处罚法》规定，对实施下列行为者予以处罚：由于故意或过失，“伴随工厂或企业的业务活动而排放有害于人体健康的物质，对公众的生命或身体造成危险者”。法定刑规定：在故意的情况下，科处 3 年以下徒刑或 300 万日元以下的罚金（第 3 条第 1 款）；在过失的情况下，科处 2 年以下徒刑或监禁或 200 万日元以下的罚金（第 2 条第 1 款）。对于触犯该法第 2 条第 1 款而致人死伤者，科处 7 年以下徒刑或 500 万日元的罚金刑；对于触犯该法第 3 条第 1 款而致人死伤者，科处 5 年以下徒刑或监禁或 300 万日元的罚金刑。参见曲阳：《日本的公害刑法与环境刑法》，载 http://www. criminallaw. com. cn/Article/defAult. ASp? id=2042，2019 年 12 月 21 日访问。

② 即日本熊本县的水俣病事件、阿贺野川水银中毒事件、富山县的骨痛病事件、四日市的哮喘病事件。参见曲阳：《日本的公害刑法与环境刑法》，载 http://www. criminAllAw. com. cn/Article/defAult. ASp? id = 2042，2019 年 12 月 21 日访问。

从制度变迁理论的角度来说，我们完全没有必要再走日本的老路，等环境犯罪的危害已成为我们难以承受之痛时才从法律上加以严格的规定；而应该发挥后发优势，由公共部门发起强制性的制度变迁，使我国现有的法律制度能够更好地应对经济飞速发展所带来的负面影响，更好地为科学发展和社会和谐服务。

（二）关于严格责任的司法适用

1. 严格责任的历史沿革。

严格责任又称绝对责任，是指法律许可对某些缺乏犯罪心态的行为追究刑事责任的一种制度①，是英美刑法的一大特色。

在严格责任出现之前，犯意一直是英美刑法中的犯罪必备要件。19 世纪末 20 世纪初，随着工商业的发展和生产社会化的提高，大量增加的工商业活动对公众健康和公共安全的影响日益增加，也越来越受到人们的关注，侵犯公共福利的犯罪也被创制出来，并通过尼科尔诉霍尔案（1873 年）、坎迪诉勒考科案（1884 年）和之后的谢拉斯诉德·鲁曾案逐步确立了严格责任原则，认为对于某些犯罪，犯意不是构成犯罪的必要条件。②

英美法系国家之所以确定刑法上的严格责任制度，主要是基于两方面的考虑：一是保护公共利益的需要。对一些特殊犯罪实行严格责任，有利于保护公共利益。英美法系国家所确立的严格责任制度主要适用于公共福利犯罪和部分道德犯罪，对这些犯罪采取严格责任制度可以提高行为人的责任感和自我约束，从而保护公共利益和其他一些重大的社会法益。二是出于诉讼经济的考

---

① 赵秉志主编：《英美刑法学》，中国人民大学出版社 2004 年版，第 45 页。

② 参见赵秉志主编：《英美刑法学》，中国人民大学出版社 2004 年版，第 46 页。

虑。被确定为严格责任的犯罪，往往是那些要证明被告人行为是否出于故意或过失均较为困难的犯罪。若将犯意作为犯罪构成的必要要件或将证明犯意之有无的证明责任由控方承担，往往会使被告人逃避惩罚，使法律规定形同虚设。另外，适用严格责任的犯罪往往是轻罪，如果对每一起这类轻罪案件均调查其有无犯意，将大大增加诉讼成本，而且不能及时惩罚这类犯罪。因此，英美法系国家确立了严格责任制度。

然而，绝对的严格责任对主观上有无犯意的被告人都施以同样的刑罚，使得其刑罚过于严苛，其不合理性是显而易见的，严格责任制度也因此饱受诟病。因此，随着司法实践和刑法理论的不断发展，严格责任制度也有一个不断发展变迁的过程，经历了从绝对严格责任到相对严格责任的转变，尤其是在英国，无论是立法还是司法上，都赋予负有严格责任的被告人以辩护理由，从而使修正了的严格责任制度能够被更广泛地接受。

2. 严格责任制度对我国的借鉴意义。

严格责任制度在降低诉讼成本、提高诉讼效率方面，具有明显的作用，也能更有效地惩罚和预防妨害社会公共利益的犯罪。正因如此，近些年来，我国刑法学者中也有人提出，我国刑法应引入英美法系国家的严格责任制度，甚至有不少学者认为，我国现行刑法典实际上已确立了严格责任，比如有人认为我国刑法中关于奸淫幼女构成强奸罪的规定就是严格责任的规定。[①] 但是，大陆法系的刑法理论严格遵循犯罪的主客观相结合的原则，不承

---

① 参见苏力：《奸淫幼女司法解释的辩驳》，载陈兴良主编：《法治的言说》，法律出版社 2004 年版，第 237-283 页；郭亚：《刑法中的严格责任若干问题研究》，载 http://www.lunwentiAnxiA.com/product.free.7168124.1/，2019 年 12 月 21 日访问。

认严格责任的存在。我国的犯罪论体系受到大陆法系的影响，在刑法总则中明确规定了构成犯罪必须具有主观故意或者过失，因此，我国绝大多数刑法学者认为我国刑法排斥严格责任的适用。

笔者认为，从维护我国犯罪论体系的统一性和我国刑法总则和分则的协调性出发，绝对的严格责任在我国刑法中没有存在的余地。但是相对的严格责任即过失推定责任的引入并不和我国的犯罪构成理论相龃龉，即使在过失推定的情形下，构成犯罪仍须满足主客观的犯罪构成要件，过失推定责任只是从刑事诉讼的角度降低了公诉机关的证明责任，因此认为“严格责任制度会破坏我国犯罪构成的合理架构，造成犯罪构成理论的混乱”① 的观点，实际上是没有真正理解相对的严格责任的意义，而将严格责任仅仅理解为绝对责任，进而得出的不合理的结论。所以，相对的严格责任和我国的刑法理论体系并不矛盾。但是，由于相对的严格责任降低了公诉机关的证明标准，对行为人是极为不利的，因此在实践中的适用应当仔细斟酌、慎之又慎。

环境犯罪对社会的危害性很大，尤其是污染环境的犯罪所造成的危害后果是难以弥补的，比如河南省民权县砷污染案②，造成的损失是难以用经济利益来衡量的。如果环境污染类犯罪采取相对的严格责任制度，将使公诉机关对此类犯罪的证明标准降低，从而使行为人受到刑法处罚的概率增加。不管是根据经济学理论中的“经济人”“有限理性经济人”的假定还是根据马克思的“社会人”假定，行为人受到刑法处罚的危险性增加必将提高

① 欧锦雄：《刑法上严格责任之否定》，载 http://www.lunwentiAnxiA.com/product.free.8528165.1/，2019 年 12 月 21 日访问。

② 相关新闻参见新浪网：http://newS. SinA. com. cn/c/2009-03-25/070717476058. Shtml，2019 年 12 月 21 日访问。

行为人的注意义务，使行为人更为积极主动地防止危害结果以及危险的发生。虽然有人认为这对行为人是不利的，并将阻碍社会经济的发展；但是我们重经济发展轻生态环境保护的发展观念已经使我们付出了高昂的代价，也与我们党和政府所提倡的科学发展观相违背。因此，相对严格责任的引入是进行成本—收益分析之后，两害相权取其轻的理智选择。

从刑法理论上来说，相对严格责任中的过失推定也和我国的司法实践并不矛盾。比如张明楷教授认为："推定作为一种思维方式，是一个三段论推理的逻辑结构，符合三段论的公理；我国最高司法机关所作的司法解释①，事实上也承认了推定是证明行为人主观心理状态的手段。"② 而过失推定基于保护公共利益的立场，其公正性也就有了坚实的基础。正如罗斯科·庞德那段经常被引为证明严格责任公正性的话所说："法院的良知为个人带来了某些法律犯罪的危险，这种危险表达了社会的需要。这样的法律的目的并不是处罚邪恶，而仅仅是对那些粗心者和无效率者施加压力，以使他们尽全力履行维护公共健康、安全或道德利益的义务。"③

三、结语与展望

笔者特别反对不加鉴别的拿来主义，因为中国有好几千年的悠久的历史和文化传统，别国的制度和理论不一定适合中国的土

---

① 参见最高人民法院、最高人民检察院 1990 年 7 月 6 日《关于办理淫秽物品刑事案件具体应用法律的规定》第 4 条。

② 张明楷：《刑法学》（第二版），法律出版社 2003 年版，第 239 页。

③ 转引自李翔、夏军：《从严格责任看我国传统刑法理论的突破——从奸淫幼女罪个案谈起》，载 http://www.lunwentiAnxiA.com/product.free.3875984.1/，2019 年 12 月 21 日访问。

壤。记得曾在何勤华教授的一本书上看到何教授的一种说法，大意是说，法律移植对我国来说非常重要，我们首先应该大胆地尝试——因为不尝试不知道是否实际适合我们，如果尝试的结果证明移植的法律制度不适合我们，再来修正错误。这种观点在法律制度很不健全的早期，或许有一定的合理性，因为当时的情形之下获得的收益会大于付出的成本。但是，在法制已经发展到相对比较健全的今天，在借鉴别国的制度时一定要特别谨慎。因为每一次的错误，都将付出代价，有些代价甚至相当高昂。成本—收益分析的理念同样适用于法律领域，尤其是法律制度变迁的过程中。

但是，也应当看到，在基本的价值理念共通的领域，国外的相关经验值得我们借鉴，在生态环境保护领域就是如此。改革开放以来，我国的经济飞速发展，经济建设取得了举世瞩目的成就；但是，我国的生态安全问题也面临日益严峻的形势：土地沙漠化，空气质量日益降低，严重危害公众健康的环境污染事故不时见诸报端……无不让我们触目惊心。而其他国家也曾经历类似的发展历程，比如日本。因此，国外的刑法理论和实践——包括日本在内——在应对环境犯罪过程中的发展变迁，无疑对我们具有极为重要的借鉴意义。

刑罚作为调整社会关系的最严厉的手段，理应具有谦抑性；但是，谦抑不代表无所作为。刑法在规制环境违法犯罪行为方面，理应也能够发挥更大的作用。对此，国外的经验已经提供有力的证明。因此，对我们来说，立法上引入过失危险犯，并将相对的严格责任和因果关系的推定适用于环境犯罪尤其是环境污染犯罪的司法实践中，并不应有什么理论上的障碍。在笔者看来，所谓的“人本主义”和“物本主义”之争，也从来都是一个伪命题。因为，生物的多样性、生态平衡和安全等效用客体，都是在相对人的主体地位而言时才有意义。而加强刑法对生态环境的保护力度，其背后隐含的是人类对自身局限的深刻反省，也是对人与自然和谐发展的科学发展观的有力实践。

专题五　我国环境刑事司法解释修订沿革及其价值取向[①]

一、司法解释对司法实践的影响

我国制定过三个针对环境污染刑事案件的司法解释：一是2006年《最高人民法院关于审理环境污染刑事案件具体应用法律若干问题的解释》（以下简称2006年司法解释），主要是对污染后果进行量化解释；二是2013年《最高人民法院、最高人民检察院关于办理环境污染刑事案件适用法律若干问题的解释》（以下简称2013年司法解释），在继承完善前述第一次解释的基础上进一步创新；三是2016年《最高人民法院、最高人民检察院关于办理环境污染刑事案件适用法律若干问题的解释》（以下简称2016年司法解释），在2013年司法解释的基础上进一步体现了严打、方便和规范的原则。

近些年来，我国刑事司法实践中关于环境污染案件办理的数量呈上升态势，全国环境污染案件一审判决数量的变化趋势如图1所示：

---

① 本专题主要内容为淄博市公安局食药环支队大队长李绪金的座谈发言稿。

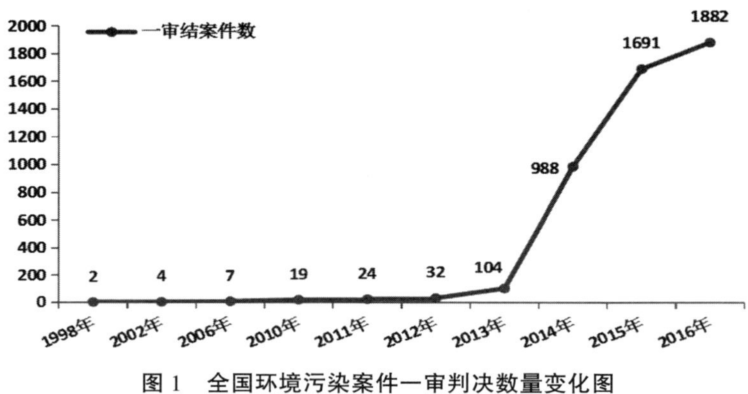

图 1　全国环境污染案件一审判决数量变化图

通过近 20 年全国环境污染案件一审判决数量变化图可以看出，从 1998 年到 2012 年全国审结案件数量数量少、上升慢，是从个位数到两位数的增长。从 2013 年开始，案件数量激增，直线上升至四位数。判决数量的变化反映了法律和司法解释的价值取向，说明司法解释的由宽到严，表明国家加大了对环境的司法保护力度。

二、三次环境刑事司法解释简介

（一）2006 年司法解释

我国 1997 年《刑法》第一次在刑法中增加了“重大环境污染事故罪”，其中一个构成要件要求“造成重大环境污染事故，致使公私财产遭受重大损失或者人身伤亡的严重后果的”。如何清晰理解和把握这一要件，成为一个现实的问题。为了加大对环境的刑法司法保护力度，使《刑法》第 338 条便于操作，最高人民法院于 2006 年出台第一部针对环境污染刑事案件的司法解释，对公私财产遭受重大损失和人身伤亡标准进行了量化规定。但是，司法解释出台后，案件数量并没有明显上升，没有达到加大环境污染司法保护力度的目的。原因主要是刑法要求造成重大环境污染事故的构成要件制约着刑事打击力度，环境污染犯罪比较复杂，污染后果的潜伏性、累积性，因果关系的松散性，多因一果等因素制约着犯罪的认定，一味地要求发生重大环境污染事故这一要件，不利于刑事打击和司法保护。

（二）2013 年司法解释

2011 年，刑法适时地作出修改，《刑法修正案（八）》出台，对《刑法》第 338 条进行了修改：一是删除了污染对象“土地、水体和大气”。二是扩大了污染物的范围，修改“危险物质”为“有害物质”。三是修改后果“重大环境污染事故，致使公私财产遭受重大损失或者人身伤亡的严重后果”为“严重污染环境”。随之罪名由重大环境污染事故罪变更为污染环境罪。

在党的十八大以后，党中央对环境保护的决心之大史无前例。习近平总书记对生态环境保护高度重视，多次作出重要批示，在 2013 年提出了“绿水青山就是金山银山”。在这种形势下，最高司法机关及时启动刑事司法解释的修订工作。2013 年 5 月，有关中央机关联合召开司法解释修订座谈会，淄博市公安局作为基层执法机关参会，对办案中遇到的入罪标准高、鉴定难、共同犯罪等问题提出了修改建议，部分被司法解释吸收。

2013 年司法解释的最大亮点是创设了新的入罪标准，具体表现在第 1 条第（1）至（5）项，不再要求造成侵害人身、财产严重后果，而是将一些严重环境违法行为上升为犯罪打击。正是这些新的入罪标准，在打击环境污染实践中发挥了巨大作用，案件数量也直线上升。据最高人民法院 2016 年 7 月 13 日发布的《中国环境司法发展报告》显示，重金属超标 3 倍以上［2013 年司法解释第 1 条第（3）项］是当前最主要的污染环境犯罪入罪方式，占到将近 70%，然后是非法排放、倾倒、处置危险废物 3 吨以上［2013 年司法解释第 1 条第（2）项］，占 24%，再就是利用渗井渗坑等排放［2013 年司法解释第 1 条第（4）项］。2013 年司法解释还创新性地规定危险废物共同犯罪，第 7 条规定共同犯罪只要求明知他人无经营许可证，是否认识到他人污染环境在所不问。这就加大了产废企业的审查责任，减少了侦查机关的证明责任，提高了打击效能。这一条在实践中发挥了重要作用，几乎所有大要案件都是根据这一条追到上游产废企业，产生了极大的震慑作用。

（三）2016 年司法解释

2014 年初环境保护部起草了《关于依法严格办理环境污染案件若干法律问题的指导意见》，先后征求各地各级司法机关、各门类专家、全国立法机关的意见，几易其稿，分别经最高人民法院审委会、最高人民检察院检委会通过，于 2016 年 12 月 26 日公布，2017 年 1 月 1 日正式实施。

2016 年司法解释主要从三个方面入手修订：首先，为了应对严峻的环境污染形势及人民对蓝天白云的渴求，进一步把一些严重污染环境的行为作为犯罪处理。其次，进一步对难以取证的环境污染犯罪客观化，简化证明标准。最后，把公检法和环保部门在司法和行政执法时认识有分歧的地方统一起来，予以明确。2016 年司法解释可以总结为三方面内容六个字：严打、方便、规范。严打就是扩大了追究刑事责任的严重污染环境行为的范围。方便就是方便侦查，方便诉讼，解决取证难、鉴定难和认定难的问题。规范就是统一司法认识，有些认识不统一的现在统一起来，解决的是同罪不同罚的问题，有些地方认为是犯罪有些地方不认为是犯罪的问题。

三、2016 年司法解释的特点与亮点

（一）严打严重污染环境行为

主要体现为以下几个方面：一是大气污染入刑问题，刑责治霾；二是增加了环境污染入刑方式；三是增加了加重情节；四是增加了从重情节；五是增加了环评犯罪。

1. 大气污染入刑。近年来，在环保公安联动执法检查中发现，部分企业存在恶意破坏自动污染源监控设施、擅自改动监测数据的行为，自动污染源监控设施——24 小时不下岗“环保卫士”失去了应有作用，超标排放，超总量排放，导致雾霾越来越严重。环境行政处罚乃至行政拘留对大气污染惩治力度不够，作为行政法的保障法，刑法应该有所作为。2016 司法解释第 1 条第（7）项明确规定，重点排污企业只要修改、干扰自动污染源监控设施排污的就直接入刑。大气污染入刑问题，还包括 2016 年司法解释第 10 条针对环境质量监测系统伪造、篡改和干扰的，以破坏计算机信息系统罪论处。

2. 增加了入刑方式。主要体现在 2016 司法解释第 1 条第（8）项、第（9）项、第（10）项，其规定违法减少防治污染设施运行支出 100 万元以上的，违法所得或者致使公私财产损失 30 万元以上的，造成生态环境严重损害的，应当认定为“严重污染环境”。主要原因是公私财产损失不包括违法减少运行支出、违法所得，单纯以公私财产损失入罪很难收集证据，存在取证难、认定难的问题。

3. 增加了加重情节。体现在 2016 司法解释第 3 条第（2）项非法排放、倾倒、处置危险废物 100 吨以上的；第（6）项造成

生态环境特别严重损害的。

4. 增加了从重情节。体现在2016年司法解释第4条第（3）项、第（4）项。

5. 增加了环评领域的犯罪。体现在2016司法解释第9条。近些年，环评领域犯罪日益突出，“环评变坏评”等问题也日益暴露出来。

（二）方便收集证据，方便诉讼，方便侦查

1. 破解鉴定难、取证难。2016年司法解释第12条取消了2013年司法解释第12条第2款认可程序的规定。

2. 危险废物认定。2016年司法解释第13条借鉴行政法的规定，对危险废物的认定作出了明确的规定，解决鉴定难、鉴定费用高、鉴定周期长的问题。

3. 公安鉴定。体现在2016年司法解释第12条第2款，明确了公安机关对环境污染现场的勘验权和鉴定权。

（三）规范统一了定罪量刑

1. 进一步明确了环境污染案件的构成要件，即必须污染环境。环境污染犯罪中有许多概念，特别是关于《刑法》第338条中的“处置”，实践中存在认识不统一。司法实践中，收购、买卖、储存和运输废机油、废酸废碱、煤焦油残渣和废旧电池是否作为犯罪来打击，存在争议。为此，2016年司法解释第6条第2款特别强调，如果违法行为未造成环境污染，则不认为是犯罪；第16条直接规定，无危险废物经营许可证，以营利为目的，从危险废物中提取物质作为原材料或者燃料，并具有超标排放污染物、非法倾倒污染物或者其他违法造成环境污染的情形的行为，应当认定为“非法处置危险废物”。

2. 明确了重金属的范围。2013年司法解释对于重金属外延规定使用的是“等”这一概括性词语，在实践中争讼不一。2016年司法解释第1条第（3）项、第（4）项予以列举明确，根据毒性不同规定了不同入罪倍数。

3. 进一步规范了从轻情节。体现在2016年司法解释第5条。

4. 法律术语的解释，规定在2016年司法解释第17条。

四、余论

综上，可以得出这样一个结论，环境刑事司法解释经过2006年第一次制定，量化了标准。2013年第二次司法解释是在完善入罪标准的基础上又创设了新的入罪标准，降低了犯罪门槛，部分解决了鉴定难、认定难问题，严厉打击了环境污染犯罪，案件数量直线上升。到了2016年第三次修订时，严打大气污染犯罪，增加了入刑方式，进一步解决了鉴定难问题，明确了公安鉴定，对危险废物认定作了明确的规定，同时规范了环境污染案件的构成要件，兼顾了准确打击犯罪和保障没有实际危害的行为不受到刑事追究。三次司法解释在打击环境污染犯罪上层层递进，一次比一次严厉，一次比一次成熟。

当今，在打击环境污染犯罪的执法和司法实践中，还有如下几个不容易达成司法共识的争议问题，这些问题都需要进一步深入研究。

一是非法处置危险废物。2016年司法解释对非法处置危险废物作出了规定，在一定程度上缓解了概念上的争论。但是在实践中，对于违法污染需要达到何种程度争议很大。比如，无危险废物经营资质，对废机油加温蒸馏提炼燃料油，无论是废气排放还是洒漏废油，均会对环境造成一定污染，是否构成犯罪，各地并不统一，有的认为是犯罪，有的认为不是。

二是污染环境罪主观方面。在《刑法修正案（八）》出台之前，重大环境污染事故罪的主观要件，通说认为是过失。修改成污染环境罪后，有的认为是故意，有的认为是过失，还有的认为是混合过错。最高人民检察院起草的《污染环境案件审查逮捕指引（草案）》认为是故意犯罪。这个问题值得进一步深入研究。

三是公私财产损失如何认定。2016 年司法解释第 17 条第 3 款作出了明确的规定，但是对什么是必要合理措施产生的费用，语焉不详。在司法实践中，公私财产损失均是由检验机构根据环境保护部《环境损害鉴定评估推荐方法》作出的污染损害评估报告认定的，与 2016 年司法解释规定的内涵和外延均不相同。在理论上厘清公私财产损失对于指导司法实践大有裨益。

中编　典型案例评析

案例1：成都益×××××有限公司、成都晨光×××××有限公司污染环境案

——污染环境罪的单位犯罪、单位犯罪从犯的认定

一、被告人基本情况

本案共有被告单位成都益×××××有限公司、被告单位成都晨光×××××有限公司和被告人吕××、蔡×、肖××、庞××、王××、张×、黄××、薛×、唐×、刘×、肖×、董××、刘×A、刘×B（绰号"小表叔"）、钟××、蔡××等两个单位和17名自然人被告人。

二、控辩意见

（一）公诉机关指控被告单位和被告人主要实施的犯罪行为

1. 被告单位成都益×××××有限公司于2015年6月注册成立，主要从事污水池清理、化粪池清掏、防水堵漏等经营活动。2017年9月至12月，该公司在无危险废物经营许可证的情况下，经公司负责人被告人吕××决定，分别从温江爱斯特（成都）生物制药股份有限公司、都江堰市中亚有机玻璃有限公司、被告单位晨光×××××有限公司，以及被告人刘×处承接危险废物处置业务，并安排公司员工被告人肖×、董××、钟××、刘×A、刘×B、蔡××，利用公司罐车（车牌号为川J×××11、川J×××71），伙同被告人

蔡×利用其罐车（车牌号为川 M×××25）将危险废物运至本市南部新城连封北一街、青羊区西三环等地附近，直接排入城市污水井内，共计非法处置危险废物 443.685 吨。排放至本市南部新城污水井的危险废物沿污水管网进入青白江，造成下游水体污染，青白江水业有限公司地表水生产停产 172 小时，截至案发直接经济损失 100 余万元。

2. 2017 年 9 月，被告人张×作为温江爱斯特（成都）生物制药股份有限公司环保专员，在明知益×××××有限公司无危险废物经营许可证的情况下，伙同被告人肖××伪造资质证明材料，将温江爱斯特（成都）生物制药股份有限公司生产经营中产生的危险废物共计 219.16 吨，以 1300 元每吨的价格交由益×××××有限公司处置。同年 9 月 22 日至 12 月 2 日，被告人吕××安排被告人蔡×、肖×、刘×A、蔡××将上述危险废物直接排放至成都市西三环等地附近污水井内。

3. 被告单位晨光×××××有限公司于 2001 年 5 月成立，主要从事有机玻璃板材、制品的生产、销售。2017 年 10 月至 12 月期间，其生产过程中产生的危险废物堆积，为降低成本、规避监管，在对方不能提供危险废物经营许可证的情况下，经法定代表人被告人黄××、总经理被告人薛×决定，通过被告人庞××、肖××介绍，以 400 元每吨的价格，委托被告单位益×××××有限公司处置危险废物 123.02 吨。被告人吕××安排被告人蔡×、肖×、董××、刘×A、刘×B、蔡××将危险废物排入×××附近等地污水井内。

4. 2017 年 10 月都江堰市中亚有机玻璃有限公司闪蒸机设备故障，导致精馏废液（危险废物）堆积无法存储。被告人唐×作为分管环保工作副厂长，经被告人肖××、庞××、王××介绍，在明知对方不具备危险废物处置资质的情况下，以 450 元每吨的价格，委托被告单位益×××××有限公司处置危险废物 75.485 吨。同年 11 月期间，被告人吕××安排被告人蔡×、肖×、董××、钟××、刘×A、刘×B 将危险废物直接排放至本市南部新城污水井内。

5.2017 年 11 月 18 日，被告人刘×在明知对方不具备危险废物处置资质的情况下，经被告人肖××、庞××、王××介绍，以 450 元每吨的价格，委托被告单位益×××××有限公司处置其×厂区内的 26.02 吨危险废物。被告人吕××安排被告人肖×、钟××将危险废物直接排放至本市南部新城连封北一街附近污水井内。

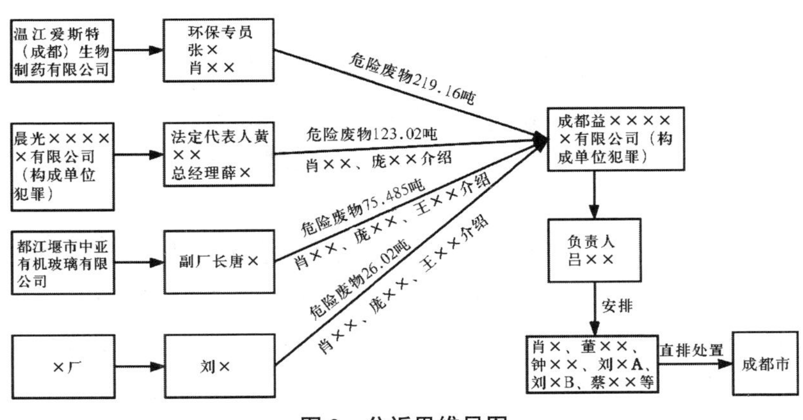

图 2　公诉思维导图

（二）被告人辩解意见和辩护人辩护意见

被告单位益×××××有限公司对指控的事实及罪名有异议，认为被告单位没有与温江爱斯特（成都）生物制药股份有限公司等签合同，指控事实不成立，不构成指控罪名。

被告单位晨光×××××有限公司对指控的事实及罪名均无异议，提出被告单位一直合法经营的辩解意见。

被告人吕××及其辩护人对指控的主要事实及罪名均无异议，

提出以下辩解意见：（1）被告人吕××非法处置的废水与青白江停水和损失具有不完全因果关系；（2）被告人吕××受被告人肖××指使实施的废水处置行为，应认定被告人肖××为主犯；（3）被告人吕××认罪态度较好，有悔罪意愿；（4）对扣押被告人吕××的物品如与案件无关，应当发还。请求法庭对其从轻处罚。

被告人蔡×及其辩护人对指控的部分事实及罪名均无异议，提出以下辩解意见：（1）被告人应属从犯，对其从轻或减轻处罚；（2）对指控被告人非法处置都江堰市中亚有机玻璃有限公司、温江爱斯特（成都）生物制药股份有限公司废水的证据不足，不应支持；（3）被告人仅拉了两车废水约 27 吨在彭州排放，认为指控其非法处置危险废物 184.16 吨不是事实；（4）指控的后果特别严重证据不足，应按一般犯罪处理。请求法庭对其从轻处罚。

被告人肖××及其辩护人对指控的部分事实及罪名均无异议，提出以下辩解意见：（1）对指控的参与非法处置温江爱斯特（成都）生物制药股份有限公司的危险废物没有异议，但应认定为从犯，不构成后果特别严重情节；（2）对指控的参与后面三次危险废物处置，被告人仅是介绍人，并没有参与，不应当构成犯罪；（3）被告人认罪态度好，有坦白情节。请求法庭对其从轻处罚。

被告人庞××及其辩护人对指控的事实及罪名均无异议，提出以下辩解意见：（1）在本案中仅起介绍作用，其主观恶性不大；（2）轻信被告人肖××，不具有主观明知故意；（3）其具有自首情节，认罪态度好，系初犯。请求法庭对其从轻处罚。

被告人王××及其辩护人对指控的主要事实及罪名均无异议，提出以下辩解意见：（1）被告人属从犯；（2）在本案中起介绍作用，不清楚如何处理危险废物，轻信被告人庞××，不具有主观明知的故意；（3）认为指控的损失金额证据不足，不能把将要发生的费用计算成损失，青白江水业公司的停产时间证据不足，只应对其参与部分承担责任；（4）其具有自首情节，愿意退缴违法所得。请求法庭对其从轻处罚。

被告人张×及其辩护人对指控的事实及罪名均无异议，提出以下辩解意见：（1）应当认定为从犯；（2）其行为与危险废物处理结果之间不具有因果关系，系初犯；（3）其只是安排转运废水，不是危险废物最终处置者；（4）其具有自首情节，认罪悔罪。请求法庭对其从轻处罚。

被告人黄××及其辩护人对指控的主要事实及罪名均无异议，提出以下辩解意见：（1）认罪悔罪，其在庭审中对个别指控事实细节的辩解不是拒不认罪的表现，且不会对主要定罪事实产生影响；（2）有主动到案情形，其具有自首、检举贩卖毒品的立功情节；（3）构成共同犯罪，应当属从犯；（4）愿意积极赔偿损失，对环境进行修复，认为后果特别严重的证据不充分，停水时间损失的证据不足。请求法庭对其从宽处罚。

被告人薛×及其辩护人对指控的事实及罪名均无异议，提出以下辩解意见：（1）不知道其对危险废物的处理方式；（2）认罪悔罪；（3）不符合后果特别严重情形；（4）其具有自首情节。请求法庭对其从轻处罚。

被告人唐×及其辩护人对指控的事实及罪名均无异议，提出以下辩解意见：（1）只应对其参与数量承担相当责任；（2）属从犯，主观恶性不大；（3）指控证据存在瑕疵，取样比对不客观；（4）实际参与的数量是50余吨，指控的70余吨不客观。请求法庭对其从轻处罚。

被告人刘×及其辩护人对指控的事实及罪名均无异议，提出以下辩解意见：（1）轻信他人，没有尽到审查资质义务；（2）具有自首情节，主动投案，且当庭如实供述，其自愿认罪，应认定为自首；（3）认罪悔罪，仅与王××构成共同犯罪，与其他被告人不存在共同犯罪，对自己参与的部分承担责任。请求法庭对其从轻处罚。

被告人肖×及其辩护人对指控的事实及罪名均无异议，提出以下辩解意见：（1）具有坦白情节；（2）认罪悔罪态度好；（3）系从犯；（4）参与数量较多，但属履行职务行为。请求法庭对其从轻处罚。

被告人董××及其辩护人对指控的事实及罪名均无异议，提出以下辩解意见：（1）认罪悔罪；（2）应认定为从犯；（3）对自己倾倒部分承担责任，是履行职务行为；（4）具有坦白情节。请求法庭对其从轻处罚。

被告人钟××及其辩护人对指控的主要事实及罪名均无异议，提出以下辩解意见：（1）属从犯，对其参与部分承担责任，系初犯；（2）完成老板交代的任务，认罪悔罪，主观恶性小。请求法庭对其从轻处罚。

被告人刘×A 及其辩护人对指控的事实及罪名均无异议，提出以下辩解意见：（1）具有自首情节，接电话通知后，主动到达了约定地点，等待抓捕，且如实供述；（2）属临时工作人员，参与了三次，对自己参与部分承担责任；（3）系初犯，从犯，认罪悔罪态度好。请求法庭对其从轻处罚。

被告人刘×B 及其辩护人对指控的基本事实及罪名均无异议，提出以下辩解意见：（1）认罪态度好；（2）属从犯；（3）是临时聘请的人员，对参与数量承担责任；（4）认为以微信和过磅认定数量，比较牵强。请求法庭对其减轻处罚。

被告人蔡××及其辩护人对指控的主要事实及罪名均无异议，提出以下辩解意见：（1）系从犯，初犯；（2）具有坦白情节；（3）认罪悔罪态度好。请求法庭对其从轻处罚。

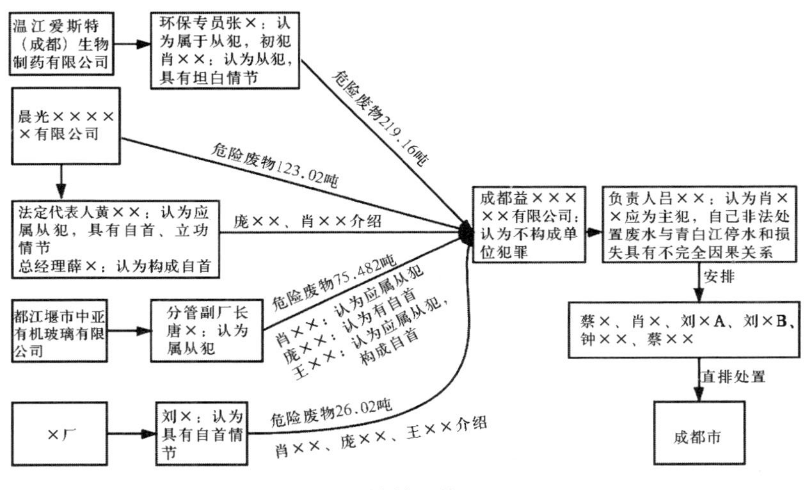

图 3　辩护思维导图

三、人民法院认定的事实和证据

第一组证据小结：

1. 成都益×××××有限公司经营范围包括化粪池清掏、清洁服务、防水堵漏、管道工程等，无危险废物经营许可。

2. 被告人的供述相互印证，证明益×××××有限公司非法外拉排放工业废水的事实。

3. 现有检测报告，结合证人证言，能够证明取样×××污水井、第二污水处理厂、青白江取水口受到有机化学物质污染的客观事实。

4. 结合被告人供述、证人证言、检测报告、鉴定意见、环评资料、危废处置协议等，可以认定被告人处置的工业废水就是危险废物。

关于危险废物的认定问题：原则上对列入《国家危险废物名录》的废物，可以直接依据目录认定，无须通过鉴定等方式进行鉴别。因《国家危险废物名录》对于废物类别、行业来源（危险废物的产生源）、废物代码、危险特性（指腐蚀性、毒性、易燃性、反应性和感染性）均有明确描述，特别是对废物系在何生产阶段产生均有叙述，故对列入目录的危险废物可以直接依据规定进行认定，符合相应特征的即可认定为危险废物，没有必要一律通过鉴定、检验方式进行鉴别后再认定。根据《环境污染犯罪解释》第 15 条第（1）项的规定，列入《国家危险废物名录》的固体废物（包括液态废物）属于危险废物范围。

（1）现有温江爱斯特、成都晨光、都江堰中亚公司的《环境影响备案报告》，以及其与四川省中明环境治理有限公司签订的《危险废物安全处置委托协议》，均能证明上述企业在生产过程中必然产生危险废物，包括废有机溶剂与含有机溶剂废物、医药废物、精馏残渣等。（2）鉴定意见反映出废水来源地的废水均含有甲基丙烯酸甲酯、甲苯等有机化学物质，根据《国家危险废物名录》第 4 条“列入《危险化学品目录》的化学品废弃后属于危险废物”，均系列入《国家危险化学品目录（2015 版）》的化学物质。（3）现有证据均证实上述三企业的产品、原料、工艺等均未发生过变化，按照客观规律，2017 年 9 月至 12 月已非法处置的废水与公安机关取样时的废水应当具有相同属性。本案中的工业废水（废液）结合被告人供述、证人证言、检测报告、鉴定意见、环评资料、危废处置协议等证据材料证明均含有甲基丙烯酸甲酯、甲苯等有机化学物质，属于该范围内的危险废物。

有被告人辩护人提出对检测报告、鉴定意见等在取样、鉴定资质、鉴定过程中有一定瑕疵等原因，认为对其结论意见不应采信，因对危险废物的认定是结合其他在案证据的综合认定，不是单一依据检测报告、鉴定意见进行认定，故该辩解意见不成立。

第二组证据小结：

虽然被告人张×辩解其不明知，但：（1）被告人肖××证明张×明知其没有正规资质，并指使自己伪造资质；（2）微信记录、照片、肖××、吕××供述、证人曾×、徐×B、陆×、李×B证言均能证明，张×跟车去金堂污水处理厂时并未将废水排入处理厂，只是“做样子照相”。结合被告人张×的受教育情况，以及其作为公司环保专员的身份情况，足以认定其明知肖××等人不具备处置工业废水的资质，仍然收受回扣、协助伪造材料、欺骗公司将废水交由肖××等人处置。

本组证据证明如下事实：2017年9月22日至12月2日，温江爱斯特（成都）生物制药股份有限公司委托益×××××有限公司处置危险废物219.16吨。被告人张×作为爱斯特公司员工，在明知肖××无资质的情况下，共同伪造资质证明材料，欺骗公司负责人员，收受回扣5.4万元。爱斯特（成都）生物制药股份有限公司向成都益×××××有限公司转清理费144430元（1300元/吨；折合111.1吨），该款由益×××××有限公司、肖××、张×分配（400元/吨，90元/吨交税）。被告人蔡×参与了该部分犯罪事实。

第三组证据小结：

黄××系公司法人，被告人薛×系成都晨光×××××有限公司总经理，二人全面负责公司各项事务，其决定能够体现公司意志。晨光×××××有限公司在生产经营中产生危险废物，应当交由具有处置资质的机构或单位处理，庞××不能提供任何资质证明材料，且处置费用（400 元每吨）明显低于合法处置的价格（4500 元每吨），可以推定晨光×××××有限公司明知对方没有危险废物处置资质。

本组证据证明了如下事实：2017 年 10 月至 12 月期间，成都晨光×××××有限公司通过被告人肖××、庞××介绍，明知对方无资质的情况下，以 400 元每吨的价格，将其产生的危险废物委托给益×××××有限公司处置。

第四组证据小结：

本组证据证明了如下事实：2017 年 10 月期间，都江堰市中亚有机玻璃有限公司分管环保副厂长被告人唐×，在明知对方无资质的情况下，经被告人肖××、庞××、王××介绍，将都江堰市中亚有机玻璃有限公司产生的危险废物以 450 元/吨的价格交由益×××××有限公司处置。

第五组证据小结：

本组证据证明如下事实：2017 年 11 月 18 日，被告人刘×，在明知王××等人无资质的情况下，将其×××一厂区罐体内危险废物 26.02 吨，以 450 元每吨的价格，委托益×××××有限公司处置，直接排放至彭州市南部新城连封北街附近污水管道。

第六组证据小结：

被告人行为给彭州市造成直接经济损失 570.8 万元：（1）彭州市第二污水处理厂（中科成污水净化有限公司）为消除污染，新增投入活性炭、药剂、电费、人工等费用共计 33.8 万元；并为防止污染物进一步流入青白江，彭州市规建局对管道进行水泥封堵。（2）南部新城地下污水管网受到污染，具有较大安全隐患和环保隐患，彭州市政府已建立起以常务副市长为组长的处置领导小组，聘请专业机构制定处置方案，预计费用 1510 万元，处置合同费用为 537 万元。

对青白江造成经济损失 68.51 万元，停水 172 小时的污染后果：(1) 青白江区水公司 2017 年 11 月多次受到污染物冲击，仅 11 月 22 日、11 月 30 日两次污染造成的损失就高达 68.51 万元。(2) 因果关系的认定方面：首先，能够查实的被告人吕××等人在彭州市南部新城倾倒危险废物行为，2017 年 9 月底至 11 月期间共计 7 次，其对环境的污染是持续性的；其次，在污水井口、第二污水处理厂、青白江取水点的样品中均含有甲基丙烯酸甲酯等有机化学物质，具有刺激性的麻酱异味，与本案的危险废物特征一致；再次，结合证人证言，在青白江发现污染后立即沿河道向上游排查，未发现其他污染源，可以排除他因介入；最后，污水管道中的危险废物会随着污水、雨水，沿着地下管网进入彭州市第二污水处理厂，后流入青白江，对下游取水造成影响，符合客观规律。

合计经济损失 639.31 万元。

第七组证据小结：

1. 被告人张×非法处置温江爱斯特（成都）生物制药股份有限公司危险废物共计 219.16 吨。

2. 被告单位成都晨光×××××有限公司非法处置危险废物 123.02 吨。被告人黄××、薛×需承当相应责任。

3. 被告人唐×非法处置都江堰中亚公司危险废物 75.485 吨。

4. 被告人刘×非法处置其储存于新繁的危险废物 26.02 吨。

5. 被告人王××介绍非法处置江堰中亚公司危险废物 75.485 吨，非法处置刘×处危险废物 26.02 吨，共计 101.505 吨。

6. 被告人庞××介绍非法处置晨光×××××有限公司危险废物 123.02 吨，非法处置都江堰中亚公司危险废物 75.485 吨，非法处置刘×处危险废物 26.02 吨，共计 224.525 吨。

7. 被告人肖××介绍非法处置温江爱斯特（成都）生物制药股份有限公司危险废物 219.16 吨，非法处置晨光×××××有限公司危险废物 123.02 吨，非法处置都江堰中亚公司危险废物 75.485 吨，非法处置刘×处危险废物 26.02 吨，共计 443.685 吨。

8. 被告单位益×××××有限公司非法处置温江爱斯特（成都）生物制药股份有限公司危险废物 73.59 吨，非法处置晨光×××××有限公司危险废物 95.79 吨，非法处置江堰中亚公司危险废物 64.125 吨，刘×处危险废物 26.02 吨，共计 259.525 吨。被告人吕××应当承担相应责任。

另，被告人吕××介绍蔡×处置上述三公司危险废物 184.16 吨，共计 443.685 吨。

9. 被告人蔡×非法处置温江爱斯特（成都）生物制药股份有限公司危险废物 145.57 吨，非法处置成都晨光×××××有限公司危险废物 27.23 吨，非法处置都江堰中亚公司危险废物 11.36 吨，共计 184.16 吨。

10. 被告人肖×从温江爱斯特（成都）生物制药股份有限公司非法外拉并排放危险废物 5 车 73.59 吨；从被告单位成都晨光×××××有限公司非法外拉并排放危险废物 3 车 46.93 吨；从都江堰市中亚有机玻璃有限公司非法外拉并排放危险废物 1 车 15.925 吨；从被告人刘×处非法外拉并排放危险废物 1 车 14.63 吨，共计非法处置危险废物 151.075 吨。

11. 被告人董××作为被告单位成都益×××××有限公司司机，在被告人吕××的安排下，驾驶公司罐车（车牌号川 J×××71）从被告单位成都晨光×××××有限公司非法外拉并排放危险废物 4 车 48.86 吨；从都江堰市中亚有机玻璃有限公司非法外拉并排放危险废物 3 车 34. 595 吨，共计非法处置危险废物 83. 455 吨。

12. 被告人钟××作为被告单位成都益×××××有限公司司机，在被告人吕××的安排下，驾驶公司罐车（车牌号为川 J×××11）从都江堰市中亚有机玻璃有限公司非法外拉并排放危险废物 1 车 13. 605 吨；从被告人刘×处非法外拉并排放危险废物 1 车 11. 36 吨，共计非法处置危险废物 24. 995 吨。

13. 被告人刘×A 作为被告单位成都益×××××有限公司工人，在被告人吕××的安排下，跟随公司罐车（车牌号为川 J×××11、川 J×××71）从温江爱斯特（成都）生物制药股份有限公司非法外拉并排放危险废物 5 车 73. 59 吨；从被告单位成都晨光×××××有限公司非法外拉并排放危险废物 4 车 55. 83 吨；从都江堰市中亚有机玻璃有限公司非法外拉并排放危险废物 3 车 36. 415 吨，共计非法处置危险废物 165. 835 吨。

14. 被告人刘×B 作为被告单位成都益×××××有限公司工人，在被告人吕××的安排下，跟随公司罐车（车牌号为川 J×××11、川 J×××71）从被告单位成都晨光×××××有限公司非法外拉并排放危险废物 2 车 27. 78 吨；从都江堰市中亚有机玻璃有限公司非法外拉并排放危险废物 1 车 11. 785 吨，共计非法处置危险废物 39. 565 吨。

15. 被告人蔡××作为被告单位成都益×××××有限公司工人，在被告人吕××的安排下，跟随公司罐车（车牌号为川 J×××11、川 J×××71）从温江爱斯特（成都）生物制药股份有限公司非法外拉并排放危险废物 1 车 15. 97 吨；从被告单位成都晨光×××××有限公司非法外拉并排放危险废物 1 车 12. 18 吨，共计非法处置危险废物 28. 15 吨。

第八组证据小结：

补充侦查证据：被告人张×、被告人黄××、被告人薛×的到案情况说明和关于被告人黄××不具有立功情节的说明。证明被告人张×、被告人黄××、被告人薛×经电话通知后到案接受调查；扣押在案各被告人的手机、登记车主为被告人吕××的车牌号为川J×××71的罐车一辆、登记车主为雷×的川J×××11的罐车一辆，两车均属被告单位益×××××有限公司所有，登记车主为被告人蔡×所有的车牌号为川M×××25的罐车一辆，均属于作案工具。

上述证据，经庭审举证、质证，内容客观真实，来源合法，并与案件事实相关联，法院予以采信。

四、判案理由

合议庭对被告单位（人）及其辩护人提出的辩解意见评议如下：

1. 针对被告单位益×××××有限公司对指控的事实及罪名有异议，认为被告单位没有与温江爱斯特公司等签合同，指控事实不成立，不构成指控罪名。

被告单位晨光×××××有限公司对指控的事实及罪名均无异议，提出被告单位一直合法经营的辩解意见。

合议庭评议后认为，单位犯罪是从两个方面情形判断：（1）是否为了单位利益和是否经单位集体研究决定；（2）由单位负责人决定、同意，或者被授权的其他人决定、同意实施。本案中被告单位益×××××有限公司属非法处置的企业，被告晨光×××××有限公司属明知他人无危险废物经营许可证，委托其处置的企业。上述单位负责人均有事先同意或其主观上明知实施行为不加以制止情形，符合单位犯罪情形。

被告单位益×××××有限公司非法排放危险废物259.525吨，

被告人吕××（443.685 吨）介绍被告人蔡×非法排放危险废物 184.16 吨，根据两高《关于办理环境污染刑事案件适用法律若干问题的解释》（以下简称“两高解释”）第 3 条第（2）项“非法排放、倾倒、处置危险废物一百吨以上的”应当认定为“后果特别严重”，其行为符合《刑法》第 338 条之规定，构成污染环境罪。根据“两高解释”第 11 条之规定，单位实施犯罪的，对直接负责的主管人员和其他直接责任人员定罪处罚，并对单位判处罚金。被告人吕××系直接负责的主管人员，被告人肖×（151.075 吨）、董××（83.455 吨）、钟××（24.995 吨）、刘×A（165.835 吨）、刘×B（39.565 吨）、蔡××（28.15 吨）系其他直接责任人员。

被告单位晨光×××××有限公司（123.02 吨）、被告人唐×（75.485 吨）、被告人张×（219.16 吨）、被告人刘×（26.02 吨），均在明知（因其对处置危险废物需要资质的要求非常清楚，对危险废物应当委托具有资质的公司处理，应当备案环保局属明知；应当审核但未审核处置企业有无资质，未审核验明即属明知）益×××××有限公司无资质的情况下，委托其处置危险废物，根据“两高解释”第 7 条之规定，明知他人无危险废物经营许可证，向其提供或者委托其收集、贮存、利用、处置危险废物，严重污染环境的，以共同犯罪论处，且属于“后果特别严重”。

被告人黄××（123.02 吨）、薛×（123.02 吨）系晨光×××××有限公司直接负责的主管人员。

故上述被告单位的辩解理由与查明案件事实不符，不予采纳。

2. 被告人吕××及其辩护人对指控的主要事实及罪名均无异议，提出以下辩解意见：（1）被告人吕××非法处置的废水与青白江停水和损失具有不完全因果关系；（2）被告人吕××受被告人肖××指使实施的废水处置行为，应认定被告人肖××为主犯；（3）被告人吕××认罪态度较好，有悔罪意愿；（4）对扣押被告人吕××的物品如与案件无关，应当发还。请求法庭对其从轻处罚。

被告人蔡×及其辩护人对指控的部分事实及罪名均无异议，提出以下辩解意见：（1）被告人应属从犯，对其从轻或减轻处罚；（2）对指控被告人非法处置都江堰中亚、温江爱斯特公司废水的证据不足，不应支持；（3）被告人仅拉了两车废水约27吨在彭州排放，认为指控其非法处置危险废物184.16吨不是事实；（4）指控的后果特别严重证据不足，应按一般犯罪处理。请求法庭对其从轻处罚。

合议庭评议后认为，上述因果关系的辩解意见与庭审查明的被告单位益×××××有限公司非法处置危险废物259.525吨以及被告人吕××介绍被告人蔡×非法处置危险废物184.16吨的事实不符，被告人的行为已达到“两高解释”规定的数量标准；关于主从犯的辩解意见理由不充分，上述被告人在共同犯罪中地位和作用均相当，不应认定为从犯，其辩解意见不予采纳。关于提出扣押在案被告人吕××的戴尔牌电脑主机1台（黑色、白色税控盘各1个）与本案无关，与查明事实相符，予以采纳，依法返还所有权人；关于认罪态度较好与查明事实相符，予以采纳。

3. 针对被告人肖××及其辩护人对指控的部分事实及罪名均无异议，提出以下辩解意见：（1）对指控的参与非法处置温江爱斯特公司的危险废物没有异议，但应认定为从犯，不构成后果特别严重情节；（2）对指控的参与后面三次危险废物处置，被告人仅是介绍人，并没有参与，不应当构成犯罪；（3）被告人认罪态度好，有坦白情节。请求法庭对其从轻处罚。

被告人庞××及其辩护人对指控的事实及罪名均无异议，提出以下辩解意见：（1）在本案中仅起介绍作用，其主观恶性不大；（2）具有轻信被告人肖××，不具有主观明知故意；（3）其具有自首情节，认罪态度好，系初犯。请求法庭对其从轻处罚。

被告人王××及其辩护人对指控的主要事实及罪名均无异议，提出以下辩解意见：（1）被告人属从犯；（2）在本案中居中起介绍作用，不清楚如何处理危险废物，具有轻信被告人庞××，不具有主观明知的故意；（3）对指控的损失金额证据不足，不能把将要发生的费用计算成损失，青白江水业公司的停产时间证据不足，只应对其参与部分承担责任；（4）其具有自首情节，愿意退缴违法所得。请求法庭对其从轻处罚。

合议庭评议后认为，关于上述被告人提出在本案中仅起介绍作用、没有参与处置、应认定为从犯等理由并不充分，不予采纳，提出有坦白、自首情节、认罪态度较好，与查明的案件事实相符，被告人王××主动进行生态环境损害赔偿 1 万元，其悔罪态度较好。被告人肖××（443.685 吨）、庞××（224.525 吨）、王××（101.505 吨）均应当明知危险废物不能外拉、外排，且其自身不具有危险废物经营许可，介绍的被告单位益×××××有限公司也不具有危险废物处置资质许可，为谋取非法利益，仍然介绍处置危险废物业务，与委托处置的一方共同完成了委托行为，为他人污染环境的行为提供帮助，构成污染环境罪共犯。

本案中各被告人的辩护人提出被告人主观上不明知、轻信他人、法律知识欠缺等辩解理由不成立。

4. 针对被告人张×及其辩护人对指控的事实及罪名均无异议，提出以下辩解意见：（1）应当认定为从犯；（2）其行为与危险废物处理结果之间不具有因果关系，系初犯；（3）其只是安排转运废水，不是危险废物最终处置者；（4）其具有自首情节，认罪悔罪。请求法庭对其从轻处罚。

被告人黄××及其辩护人对指控的主要事实及罪名均无异议，提出以下辩解意见：（1）认罪悔罪，其在庭审中对个别指控事实细节的辩解不是拒不认罪的表现，且不会对主要定罪事实产生影响；（2）有主动到案情形，其具有自首、检举贩卖毒品的立功情节；（3）构成共同犯罪，应当属从犯；（4）愿意积极赔偿损失，对环境进行修复，后果特别严重的证据不充分，停水时间损失的证据不足。请求法庭对其从宽处罚。

被告人薛×及其辩护人对指控的事实及罪名均无异议，提出以下辩解意见：（1）不知道其对危险废物的处理方式；（2）认罪悔罪；（3）不符合后果特别严重情形；（4）其具有自首情节。请求法庭对其从轻处罚。

被告人唐×及其辩护人对指控的事实及罪名均无异议，提出以下辩解意见：（1）只应对其参与数量承担相当责任；（2）属从犯，主观恶性不大；（3）指控证据存在瑕疵，取样比对不客观；（4）实际参与的数量是50余吨，指控的70余吨不客观。请求法庭对其从轻处罚。

合议庭评议后认为，上述被告人积极对生态环境损害赔偿，其中被告人张×赔偿5万元、被告单位晨光×××××有限公司赔偿50万元、被告人黄××赔偿200万元、被告人薛×赔偿50万元、被告人唐×赔偿50万元，其悔罪态度较好。

被告人张×、被告人黄××、被告人薛×经电话通知后到案接受调查，应视为自动投案，到案后能够如实供述自己的犯罪事实，虽然在庭审中对部分事实有一定辩解，但通过庭审最终能够如实供述并认罪，提出的具有自首情节成立，予以采纳，被告单位晨光×××××有限公司同时构成单位自首。其余辩解意见与查明案件事实不符，不予采纳。

5. 针对被告人刘×及其辩护人对指控的事实及罪名均无异议，提出以下辩解意见：（1）轻信他人，没有尽到审查资质义务；（2）具有自首情节，主动投案后，且当庭如实供述，其自愿认罪，应认定为自首；（3）认罪悔罪，仅与王××构成共同犯罪，与其他被告人不存在共同犯罪，对自己参与的部分承担责任。请求法庭对其从轻处罚。

合议庭评议后认为，关于自首问题，被告人刘×在侦查机关有如实供述，也有反复，虽然对其供述拒绝签字，但其在庭审中对公诉机关的指控均无异议，属当庭供述了主要犯罪事实，且自愿认罪，其对危险废物来源的辩解不影响对其定罪，被告人刘×的行为能够认定为自首，对该辩解意见予以采纳。

6. 针对被告人肖×及其辩护人对指控的事实及罪名均无异议，提出以下辩解意见：（1）具有坦白情节；（2）认罪悔罪态度好；（3）系从犯；（4）参与数量较多，但是属履行职务行为。请求法庭对其从轻处罚。

被告人董××及其辩护人对指控的事实及罪名均无异议，提出以下辩解意见：（1）认罪悔罪；（2）应认定为从犯；（3）对自己倾倒部分承担责任，是履行职务行为；（4）具有坦白情节。请求法庭对其从轻处罚。

被告人钟××及其辩护人对指控的主要事实及罪名均无异议，提出以下辩解意见：（1）属从犯，对其参与部分承担责任，系初犯；（2）完成老板交代的任务，认罪悔罪，主观恶性小。请求法庭对其从轻处罚。

被告人刘××及其辩护人对指控的事实及罪名均无异议，提出以下辩解意见：（1）具有自首情节，接电话通知后，主动到达约定了地点，等待抓捕，且如实供述；（2）属临时工作人员，参与了三次，对自己参与部分承担责任；系初犯，从犯，认罪悔罪态度好。请求法庭对其从轻处罚。

被告人刘××及其辩护人对指控的基本事实及罪名均无异议，提出以下辩解意见：（1）认罪态度好，属从犯；（2）对参与数量承担责任，是临时聘请的人员，以微信和过磅认定数量，比较牵强。请求法庭对其减轻处罚。

被告人蔡××及其辩护人对指控的主要事实及罪名均无异议，提出以下辩解意见：（1）系从犯；（2）具有坦白情节；（3）认罪悔罪态度好，系初犯。请求法庭对其从轻处罚。

合议庭评议后认为，上述被告人作为被告单位益×××××有限公司员工，是直接从事排污工作的人员，属被告单位益×××××有限公司其他直接责任人员，但其受公司负责人安排实施犯罪，所起作用相对较小，应认定为从犯。

被告人钟××主动进行生态环境损害赔偿 1 万元，其悔罪态度较好。

被告人刘×A 接电话通知后，主动到达了约定地点，等待抓捕，且如实供述，应认定为自首。

法院认为，被告单位成都益×××××有限公司、成都晨光×××××有限公司，被告人吕××、蔡×、肖××、庞××、王××、张×、黄××、薛×、唐×、刘×、肖×、董××、钟××、刘×A、刘×B、蔡××违反国家规定，非法处置危险废物，严重污染环境，其中，除被告人唐×、刘×、董××、钟××、刘×B、蔡××外的其他被告单位（人）造成的后果都特别严重，其行为均符合《刑法》第 338 条、

第 346 条、第 25 条第 1 款之规定，构成污染环境罪。公诉机关指控二被告单位、16 名被告人犯污染环境罪的事实和罪名成立，法院予以支持。二被告单位、各被告人均系共同犯罪，按照各自共同参与的数量承担责任。

二被告单位及各被告人在到案后，基本能够如实供述自己的犯罪事实，并且在两次庭审中能够当庭自愿认罪，酌情予以从轻处罚；被告人肖×、董××、钟××、刘×A、刘×B、蔡××作为被告单位益×××××有限公司员工，受公司负责人被告人吕××安排实施犯罪，属其他直接责任人员，在共同犯罪中所起作用较小，认定为从犯，对上述被告人酌情从轻处罚；其余被告（单位）人在共同犯罪链条中分别处于非法处置、委托处置、居间介绍地位，系污染环境犯罪的不同分工，其作用相当，提出的应当认定为从犯的辩解意见与庭审查明的事实不符，不予采纳。

被告人庞××、王××、刘×A 具有自首情节，对其从轻处罚；被告人张×、黄××、薛×经电话通知后主动到案，且如实供述了自己的犯罪事实，虽然在庭审中对部分事实进行了辩解，但在庭审过程中对在侦查机关的供述及犯罪事实均无异议，应当认定为自首；被告单位晨光×××××有限公司同时构成单位自首。对被告单位晨光×××××有限公司、被告人张×、黄××、薛×予以从轻处罚；被告人刘×自动投案后，在侦查机关有如实供述，也有反复，虽然对其供述拒绝签字，但其在庭审中对公诉机关的指控均无异议，且自愿认罪，应当认定为自首，对其从轻处罚。

在案件审理中，部分被告单位（人）和成都市生态环境局达成赔偿协议，主动进行了生态环境损害赔偿。其中被告人张×赔偿 5 万元、被告单位晨光×××××有限公司赔偿 50 万元、被告人黄××赔偿 200 万元、被告人薛×赔偿 50 万元、被告人唐×赔偿 50 万元，被告人钟××赔偿 1 万元，被告人王××赔偿 1 万元，上述被告单位、被告人悔罪态度较好，酌情予以从轻处罚。

犯罪分子违法所得的一切财物属于违法所得。本案非法处置者的违法所得，应当以其处置危险废物所实际获得的收入、报酬认定；本案中间介绍人的违法所得，应当以其从介绍处置危险废物中所赚取的差价认定；本案被告单位晨光×××××有限公司属于非法委托处置一方，因其非法委托处置危险废物的行为构成单位犯罪，其应当支出的危险废物处置成本未支出，属于违法减少的成本应当属于其违法所得，违法减少的成本应当以被告单位按照其签订处置合同价格应当支出而未支出的部分进行认定。对各被告单位（人）违法所得依法予以追缴。

扣押在案的各被告人的手机、被告单位益×××××有限公司所有的车牌号为川 J×××11、川 J×××71 的罐车两辆，被告人蔡×所有的车牌号为川 M×××25 的罐车一辆属于作案工具，依法予以没收。扣押在案与本案无关的戴尔牌电脑主机 1 台（黑色、白色税控盘各 1 个）应予发还。侦查机关冻结被告单位益×××××有限公司、晨光×××××有限公司账户余额，可在执行中用于对其违法所得和罚金的执行。

五、定案结论

据此，为了维护社会管理秩序，保护生态环境，依照《刑法》第 338 条、第 346 条、第 25 条第 1 款、第 67 条第 1 款和第 3 款、第 27 条、第 47 条、第 52 条、第 53 条、第 64 条，最高人民法院《关于处理自首和立功具体应用法律若干问题的解释》（法释〔1998〕8 号）第 1 条，最高人民法院、最高人民检察院《关于办理环境污染刑事案件适用法律若干问题的解释》（法释

〔2016〕29号）第1条第（2）项、第3条第（2）项、第6条第1款、第7条、第11条、第13条、第15条第（1）项之规定，判决如下：

1. 被告单位成都益×××××有限公司犯污染环境罪，判处罚金人民币一百二十万元；

2. 被告单位成都晨光×××××有限公司犯污染环境罪，判处罚金人民币八十万元；

3. 被告人吕××犯污染环境罪，判处有期徒刑五年，并处罚金人民币二十万元；

4. 被告人蔡×犯污染环境罪，判处有期徒刑四年，并处罚金人民币十万元

5. 被告人肖××犯污染环境罪，判处有期徒刑四年六个月，并处罚金人民币十五万元；

6. 被告人庞××犯污染环境罪，判处有期徒刑三年六个月，并处罚金人民币十二万元；

7. 被告人王××犯污染环境罪，判处有期徒刑三年，并处罚金人民币十万元；

8. 被告人张×犯污染环境罪，判处有期徒刑三年六个月，并处罚金人民币十二万元；

9. 被告人黄××犯污染环境罪，判处有期徒刑三年，并处罚金人民币十万元；

10. 被告人薛×犯污染环境罪，判处有期徒刑三年，并处罚金人民币十万元；

11. 被告人唐×犯污染环境罪，判处有期徒刑二年，并处罚金人民币八万元；

12. 被告人刘×犯污染环境罪，判处有期徒刑一年，并处罚金

人民币五万元；

13. 被告人肖×犯污染环境罪，判处有期徒刑三年，并处罚金人民币六万元；

14. 被告人董××犯污染环境罪，判处有期徒刑一年六个月，并处罚金人民币五万元；

15. 被告人钟××犯污染环境罪，判处有期徒刑十个月，并处罚金人民币四万元；

16. 被告人刘×B 犯污染环境罪，判处有期徒刑一年四个月，并处罚金人民币四万元；

17. 被告人刘×A 犯污染环境罪，判处有期徒刑三年，并处罚金人民币六万元；

18. 被告人蔡××犯污染环境罪，判处有期徒刑一年四个月，并处罚金人民币四万元。

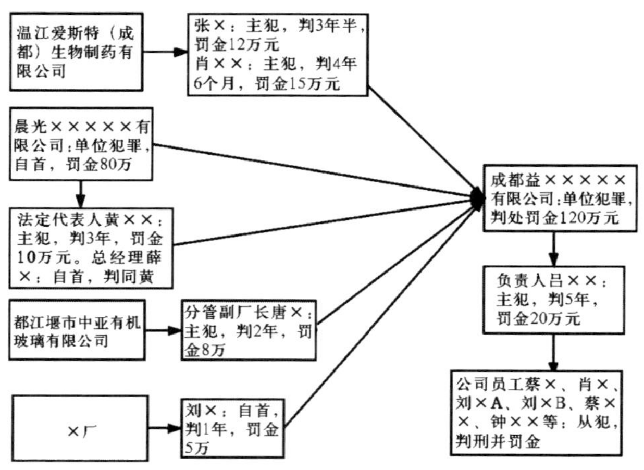

图 4　判决思维导图

六、侦查重点和法理评析

（一）侦查重点

2017 年 11 月 19 日，彭州市公安局环侦大队接市规建局工作人员报案称巡查中发现有人向彭州市致和镇连封中街污水管网内倾倒含有危化品成分的化工液体，导致下游青白江区城区停水 150 小时。

本案影响重大，侦查机关需要积极履职，查明案件事实，全面收集固定证据，为后续依法追究相关责任主体的法律责任打下坚实的基础。具体而言，本案需要查明很多关键的案件事实。一方面，要查明本案造成的客观危害，还要查明各责任主体的行为，同时查明各责任主体行为与所造成的危害之间的因果关系，这是追究各个主体法律责任的客观基础。除此之外，还要查明各个责任主体各自主观方面的心态，做到公平公正地追究当事人的法律责任，体现案件办理的公平正义。值得注意的是，由于行为人的主观方面存在证明的难题，在案件办理过程中需要根据案件的客观情况进行相应的推定，即行为人知道或应当知道的情况下，均可认定行为人具备犯罪主观方面的构成要件。

本案的工作重心，在于和环保部门的密切合作、联合办案。通过联合办案，环保部门作为环境行政执法主体，对于本辖区环境污染的种类、程度和特点，对于污染物的危害、定性分析，都有较为全面的把握和了解，可以在环境污染专业知识、专业技能方面，对公安机关环侦大队给予帮助。公安机关环侦大队则可以在行政执法规范化等方面给予环保部门指导；同时，公安机关环侦大队还可以充分发挥自己的长处，通过刑事侦查手段和刑事强制措施，对污染环境案件进行专业侦查。二者发挥各自优势，紧密配合，节省司法资源，提高办案效率。经查，成都益×××××有限公司负责人吕××在明知自己公司无处理工业废水资质的情况下，为达到非法营利的目的，伙同他人先后多次转运拉出工业废水倾倒在街道污水管网井内，导致河流水体被污染。后经工作抓获犯罪嫌疑人多人。

（二）法理评析

本案系最高人民检察院、公安部、生态环境部联合挂牌督办的长江流域污染环境案件之一，社会关注度高。益×××××有限公司在无危险废物经营许可证的情况下，接收危险废物后集中直排至城市污水井，共非法处置危险废物 400 余吨，造成水业公司地表水生产停产 172 小时及直接经济损失 100 余万元，污染后果特别严重。

法理上一般认为，对于行政犯，特定的从业人员要对相关的行政管理法规有全面的了解，以不知道相关法律规定为由的辩解一般是不能成立的，即“不知法不免责”是处理行政犯的一般原则。因此，本案部分被告人以不知道相关法律规定的辩解不可能被法院采信。

1. 环境污染罪中单位犯罪的认定：本案实际涉案单位有五个，分别是：成都益×××××有限公司、晨光×××××有限公司、都江堰中亚有机玻璃有限公司、温江爱斯特（成都）生物制药股份有限公司和刘×厂子。法院的判决最终认定构成单位犯罪的只有成都益×××××有限公司和晨光×××××有限公司，对都江堰中亚有机玻璃有限公司、温江爱斯特（成都）生物制药股份有限公司和刘×厂子没有认定为单位犯罪。这是为什么呢？

对于单位犯罪，《刑法》第 30 条规定：“公司、企业、事业单位、机关、团体实施的危害社会的行为，法律规定为单位犯罪的，应当负刑事责任。”第 31 条规定：“单位犯罪的，对单位判处罚金，并对其直接负责的主管人员和其他直接责任人员判处刑罚。本法分则和其他法律另有规定的，依照规定。”除此之外，《最高人民法院关于审理单位犯罪案件具体应用法律有关问题的解释》和《最高人民法院关于审理单位犯罪案件对其直接负责的主管人员和其他直接责任人员是否区分主犯、从犯问题的批复》等司法解释对单位犯罪也作出了规定。由以上规定可以看出：单位犯罪是指公司、企业、事业单位、机关、团体为本单位或本单位全体成员谋取非法利益，由单位的决策机构按照单位的决策程序决定，由直接责任人员具体实施的犯罪。具体到污染环境罪“两高解释”第 11 条作出了规定：“单位实施本解释规定的犯罪的，依照本解释规定的定罪量刑标准，对直接负责的主管人员和其他直接责任人员定罪处罚，并对单位判处罚金。”本条司法解释的实施，可能就是造成一些地方办理环境污染刑事案件，追究自然人犯罪多，追究单位犯罪少的原因之一：既然单位实施本解释规定的犯罪，定罪量刑的标准没有体现出直接负责主管人员和其他直接责任人员从轻判处，辩护人在进行辩护的时候，就基本上不再提出本犯罪是构成单位犯罪。另一个原因是公安机关在侦查破案的时候，往往在查明主要犯罪事实和抓获犯罪嫌疑人后，认为案件已经侦破结案，很少考虑环境污染犯罪案件还存在单位犯罪的情形，未作为单位犯罪直接移送审查起诉。人民检察院在审查起诉的时候，有时能够发现存在单位犯罪，依法退回公安机关补充侦查；更多的是萧规曹随，对于应当认定为单位犯罪的环境污染犯罪案件，人民检察院只作为自然人犯罪起诉了。

为解决这一问题，最高人民法院、最高人民检察院、公安部、司法部、生态环境部联合印发的《关于办理环境污染刑事案件有关问题座谈会纪要》（以下简称《纪要》）第 1 条作了专门规定："……为了单位利益，实施环境污染行为，并具有下列情形之一的，应当认定为单位犯罪：(1) 经单位决策机构按照决策程序决定的；(2) 经单位实际控制人、主要负责人或者授权的分管负责人决定、同意的；(3) 单位实际控制人、主要负责人或者授权的分管负责人得知单位成员个人实施环境污染犯罪行为，并未加以制止或者及时采取措施，而是予以追认、纵容或者默许的；(4) 使用单位营业执照、合同书、公章、印鉴等对外开展活动，并调用单位车辆、船舶、生产设备、原辅材料等实施环境污染犯罪行为的……"那么，对于《纪要》中的污染环境罪的单位犯罪应当怎样适用和把握呢？参考最高人民法院政策研究室喻海松博士对该《纪要》的解读，我们认为：

(1) 依法合理把握追究刑事责任的范围。《纪要》要求在办理单位环境污染刑事案件时，"重点打击出资者、经营者和主要获利者，既要防止不当缩小追究刑事责任的人员范围，又要防止打击面过大"。《纪要》明确了两个概念：直接负责的主管人员和其他直接责任人员。根据《纪要》的规定："单位犯罪中的'直接负责的主管人员'，一般是指对单位犯罪起决定、批准、组织、策划、指挥、授意、纵容等作用的主管人员，包括单位实际控制人、主要负责人或者授权的分管负责人、高级管理人员等……"可以简单理解为单位的老总、副总及其中层骨干。"其他直接责任人员，一般是指在直接负责的主管人员的指挥、授意下积极参与实施单位犯罪或者对具体实施单位犯罪起较大作用的人员。"可以简单理解为单位的一般员工，并且还有例外情形：对具体实施单位犯罪起较小作用的人员，可以不认定为"其他责任人员"，这也体现了宽严相济的刑事政策，体现了一般员工作为弱势群体的网开一面。

（2）单位犯罪的认定情形。根据《纪要》的规定，为了单位利益，实施环境污染行为，并具有下列四种情形之一的，应当认定为单位犯罪：①经单位决策机构按照决策程序决定的：这是真正体现单位意志的犯罪，单位决策层积极追求污染环境的后果。这里的单位决策机构、事业单位决策机构应该是指经理办公会议、主任办公会议等；公司的决策机构不应当是指股东大会及其董事会，而是应当指实际控制人等高管。②经单位实际控制人、主要负责人或者授权的分管负责人决定、同意的：相对于第一种情形单位意志不太明显，相对弱化。③单位实际控制人、主要负责人或者授权的分管负责人得知单位成员个人实施环境污染犯罪行为，并未加以制止或者及时采取措施，而是予以追认、纵容或者默许的：单位意志更加弱化，消极追求污染环境的后果。④使用单位营业执照、合同书、公章、印鉴等对外开展活动，并调用单位车辆、船舶、生产设备、原辅材料等实施环境污染犯罪行为的：这是直接通过行为人的客观行为，对单位意志进行的推定。把以上四种情形认定为单位犯罪，实际上是扩大了单位犯罪的范围，体现的是加大了对环境污染犯罪的惩治力度。如果仅仅认定直接参与污染的自然人犯罪，而不是单位犯罪，第二、三、四种情形的单位负责人有可能免责，不受刑事追究，单位也可以免处罚金。

（3）单位犯罪的补充起诉机制。《纪要》根据诉讼环节的不同，分为两个层次。第一层次："对于应当认定为单位犯罪的环境污染犯罪案件，公安机关未作为单位犯罪移送审查起诉的，人民检察院应当退回公安机关补充侦查。"这是在审查起诉阶段，人民检察院认为应当按照单位犯罪移送审查起诉的，公安机关未作为单位犯罪移送审查起诉，仅仅作为自然人犯罪起诉的，人民检察院应当退回公安机关补充侦查，并在退回补充侦查提纲中列明。第二层次：“对于应当认定为单位犯罪的环境污染犯罪案件，人民检察院只作为自然人犯罪起诉的，人民法院应当建议人民检察院对犯罪单位补充起诉。”这是在审判阶段，人民法院在受理案件以后，审理过程之中，发现应当认定为单位犯罪的环境污染犯罪案件，人民检察院作为自然人犯罪起诉的，人民法院应当建议人民检察院对犯罪单位补充起诉。在实践中，本书主编孟庆勇律师辩护的一起污染环境案，在第一次开庭审理后，人民法院将案件退回人民检察院建议对犯罪单位补充起诉，人民检察院对犯罪单位进行了补充起诉。最终判决也是以单位犯罪进行了判决。反之，如果人民法院建议人民检察院对犯罪单位补充起诉后，人民检察院仍然以自然人犯罪起诉的，人民法院应当根据最高人民法院《关于适用〈中华人民共和国刑事诉讼法〉的解释》（法释〔2012〕21 号）第 283 条的规定处理。

具体到本案中，成都益×××××有限公司是在无危险废物经营许可证的情况下，经公司负责人被告人吕××决定，分别从温江爱斯特（成都）生物制药股份有限公司、都江堰市中亚有机玻璃有限公司、被告单位晨光×××××有限公司，以及被告人刘×处承接危险废物处置业务，并安排公司员工被告人肖×、董××、钟××、刘×A、刘×B、蔡××共同实施污染环境犯罪行为，符合《纪要》中“经单位实际控制人、主要负责人或者授权的分管负责人决定、同意”的规定；晨光×××××有限公司为降低成本、规避监管，在成都益×××××有限公司不能提供危险废物经营许可证的情况下，经法定代表人被告人黄××、总经理被告人薛×决定实施污染环境犯罪行为的，符合《纪要》中“经单位决策机构按照决策程序决定”的规定。所以，对成都益×××××有限公司和晨光×××

××有限公司认定为单位犯罪并处以罚金是正确的。相反，都江堰中亚有机玻璃有限公司、温江爱斯特（成都）生物制药股份有限公司和刘×厂子，分别是环保专员或者副厂长等私自决定实施污染环境犯罪的，不符合前述《纪要》的规定。所以，不认为是单位犯罪是正确的。

2. 本案相对于共同犯罪而言，我国法律采用的是“部分行为全部责任”的处理原则。原因在于：我国法律中的共同犯罪为二人以上共同故意犯罪，每个犯罪主体都对犯罪后果的产生具有“加功”作用，危害后果的产生是由各行为主体的行为共同造成的。只是在具体量刑时，考虑到各行为人在共同犯罪中所处的地位和所起的作用，分别按照罪责刑相一致的原则判处刑罚，最终做到各责任人获致公正的刑罚。

本案被告人肖××认为自己“对指控的参与后面三次危险废物处置，被告人仅是介绍人，并没有参与，不应当构成犯罪”的辩护意见，人民法院不予采纳是正确妥当的。肖××伙同本案其他被告人的犯罪行为，分工明确、各司其职，已经构成共同犯罪。在共同犯罪中，实行“部分行为、全部责任、区别对待”的原则，根据各责任主体在共同犯罪中所处的地位和所起的作用，综合评判其责任，根据宽严相济的刑事政策，对各责任主体依法追究刑事责任，以对相关主体起到应有的震慑和预防作用。

人民法院坚持最严格的生态环境保护制度，对居间介绍、非法委托、非法处置等犯罪链条各环节参与人员均依法严惩，形成对破坏生态环境犯罪行为的有效震慑。环境犯罪具有特殊性，除了对相关责任主体依法惩处之外，还应当关注的一个重大问题在于，如何修复被破坏的生态环境，最大限度地挽回损失，更好地保护社会公共利益。

本案人民法院在案件审理过程中，推动晨光×××××有限公司、部分被告人与生态环境行政主管部门达成赔偿协议，晨光×××××有限公司、部分被告人主动缴纳生态环境损害赔偿金，对污染企业和责任人自觉承担生态环境损害赔偿责任起到了促进作用，实现了法律效果和社会效果的有机统一。

案例2：张×江、顾×良等污染环境案[①]

——污染环境罪中的因果关系认定及公私财产损失数额确定

一、被告人基本情况

被告人暨附带民事公益诉讼被告人张×江、顾×良、韩×军、邱×军、张×沛、程××、陶××、孟××、张×、何××、唐×A、杨×共12名自然人被告人。

二、控辩意见

（一）控方意见

新昌县人民检察院指控：2017年下半年，新昌县党支部书记即被告人张×沛在村两委会上提议，该村蜈蚣田地方打算造田造地，可以让被告人张×江倾倒建筑垃圾。张×沛未申报消纳建筑垃圾批准手续和未采取环保防护设施，仍授意被告人张×江联系建筑垃圾倾倒在蜈蚣田地方。

被告人张×江经杨×（另案处理）介绍，同意唐×A（另案处理）在蜈蚣田地方倾倒建筑垃圾，并收取每车人民币750元、850元不等的场地费。2017年11月24日至2018年3月17日，

---

① 本编案例涉及民事部分省略。

唐×A 组织 14 辆运输车，从杭州垃圾中转站及建筑工地装运建筑垃圾运输至蜈蚣田地方倾倒 53 车次，倾倒垃圾总量 2233 余吨。其间，唐×A 通过杨×付给张×江场地费共计人民币 44250 元。张×江除支付挖掘机费用人民币 13250 元外，非法获利人民币 31000 元。

被告人张×江经被告人邱×军介绍，同意被告人顾×良在蜈蚣田地方倾倒建筑垃圾，并收取每车 850 元场地费。2017 年 12 月 7 日至 2018 年 3 月 19 日，被告人顾×良组织皖 S×××××、皖 S×××××、浙 A×××××、赣 F×××××、皖 S×××××、皖 S×××××、豫 P×××××、赣 C×××××、皖 S×××××共 9 辆运输车，从×××新街街道盛东村垃圾中转站×××垃圾中转站、杭州市×××区建筑（装修）固废资源化处置点、杭州市下城区中诸×路胜利南苑建筑垃圾再生利用制砖场、×××临浦电厂附近垃圾站、杭州市西湖区留合路等垃圾中转站及零星的建筑工地装运建筑垃圾至蜈蚣田地方倾倒 149 车次，倾倒垃圾总量 5370 余吨。顾×良支付给张×江场地费计人民币 126650 元，支付给邱×军每车人民币 150 元介绍费共计 22350 元。张×江除支付挖掘机费用及路×罚款外，非法获利人民币 65000 余元。

被告人韩×军于 2017 年 10 月承包了×××街道盛东村垃圾中转站，在被告人顾×良未提供垃圾外运消纳证明的情况下，仍以支付人民币 4500 元每车的价格，让顾×良组织车辆从其垃圾中转站装运建筑垃圾到上述地方倾倒。2017 年 12 月 7 日至 2018 年 3 月 15 日，被告人顾×良从该中转站装运垃圾共计 37 车次，倾倒垃圾总量 1596 余吨。

被告人顾×良在组织车辆从杭州运输建筑垃圾到新昌倾倒期间，雇用邵×（另案处理）为车队长，协助其调度车辆，联系业务、结算运输费等；以月工资人民币6000元雇用被告人程××协助其带领运输垃圾车辆上高速、联系业务，收付部分运输费用等工作；以月工资人民币3000元外加每车提成人民币20元雇用被告人陶××在蜈蚣田垃圾倾倒点指挥车辆倾倒垃圾；雇用被告人孟××在新昌高速出口处望风，观察交警和路×执法人员检查情况，并通过对讲机通知运输垃圾车辆。

被告人张×江以每车250元的价格雇用管理挖掘机的被告人张×帮助运输车辆倾倒垃圾。被告人何××受张×指派，驾驶挖掘机为张×江从运输垃圾车辆上倾卸垃圾7000余吨。

经绍兴市环保科技服务中心生态环境损害鉴定评估，上述非法倾倒的垃圾属有害物质，已对垃圾倾倒点下方土壤及地下水生态环境、周边地表水生态环境造成危害。生态环境损害价值259.137456万元（其中应急处置费用200.3108万元、生态环境损害数额37.276656万元、事务性费用5.25万元、水质恢复效果评估费用6.5万元、鉴定评估费用9.8万元）。

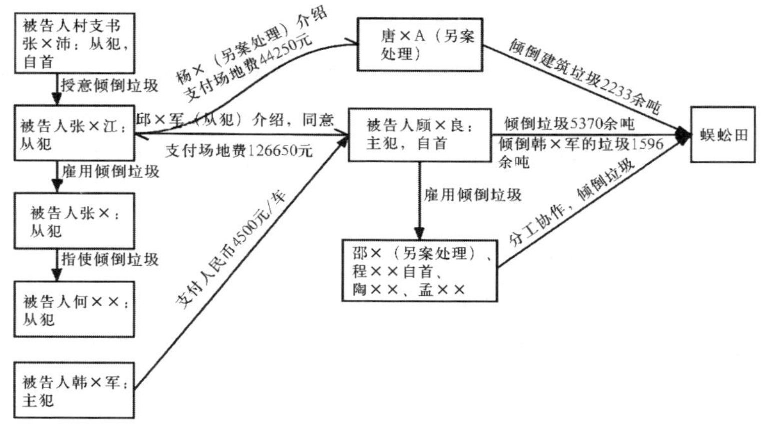

图5　公诉思维导图

2018年3月19日，被告人陶××、孟××、张×、何××被公安机关抓获归案；同年3月20日、4月12日、6月25日，被告人顾×良、张×沛、程××先后主动到公安机关投案；同年3月22日、5月24日、8月9日，被告人韩×军、邱×军、张×江分别被公安机关抓获归案。上列被告人归案后，如实供述了自己的罪行。

（二）被告人和辩护人的辩护意见

被告人张×江、顾×良、韩×军、张×沛、程××、陶××、孟××、张×、何××就刑事部分公诉机关所指控的事实和罪名均无异议；邱×军提出对罪名无异议，但称介绍费22350元没有全部拿到。

被告人张×江的辩护人提出的辩护意见是：对公诉机关指控张×江犯污染环境罪的罪名和事实没有异议。就量刑方面认为：（1）应为从犯。（2）污染环境的损害后果不完全是此次倾倒建筑垃圾产生，量刑时应酌情从轻。（3）坦白，认罪，部分被告人及家属已缴纳钱款用于修复环境，污染源也已经处理。

被告人顾×良的辩护人提出的辩护意见是：（1）蜈蚣田地方原有垃圾填埋场，按有利于被告人原则建议对顾×良从轻处罚。（2）顾×良倾倒的垃圾有下城区城管局证明杭州滨和环境建设集团有限公司处置的垃圾为无毒害垃圾，仅需对其倾倒毒害垃圾所造成的污染后果负责，量刑时应从轻处罚。（3）系初犯，有自首情节，案发后筹集70万元用于垃圾清理，积极配合修复生态环境。

被告人韩×军的辩护人提出的辩护意见是：（1）认定主犯不平衡。（2）坦白，认罪，退赔50万元予以环境修复，应从轻处罚。

被告人邱×军的辩护人提出的辩护意见是：（1）介绍费9800元左右，故其犯罪的主观恶意较低。（2）系从犯，有自首情节。

被告人张×沛的辩护人提出的辩护意见是：（1）污染环境不是张×沛的故意或过失造成，没有实施污染环境罪的主观故意。

（2）《刑法》第338条及《关于办理环境污染刑事案件有关问题座谈会纪要》均将建筑垃圾排除在有毒、有害污染物之外。另根据污染物的定义，很明显建筑垃圾不属其定义范围内。故公诉机关以未申报消纳建筑垃圾批准手续及未采取环保保护措施为由，定性张×沛同意他人倾倒建筑垃圾为污染环境罪明显不当。（3）属单位犯罪，系从犯，有自首情节。

被告人程××的辩护人提出的辩护意见是：系初犯，有自首情节。

被告人陶××的辩护人提出的辩护意见是：系初犯、偶犯、从犯，归案后能坦白。

被告人孟××的辩护人提出的辩护意见是：（1）主观过错较小。（2）系初犯、从犯。（3）坦白，自愿认罪。

被告人张×的辩护人提出的辩护意见是：（1）系初犯、从犯。（2）坦白，认罪。

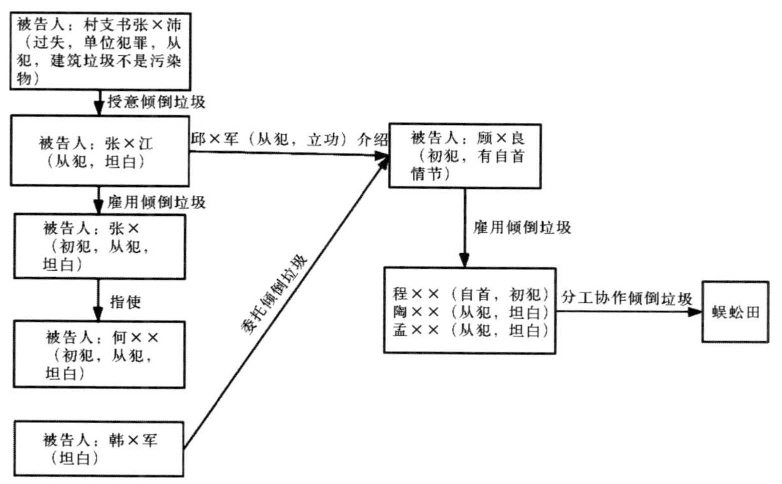

图6　辩护思维导图

被告人何××的辩护人提出的辩护意见是：（1）初犯、从犯。（2）坦白，认罪态度好。

三、人民法院认定的事实和证据

经审理查明：

2017年下半年，新昌县×××村两委会上提议，该村蜈蚣田地方打算造田造地，可以让被告人张×江倾倒建筑垃圾。张×沛未申报消纳建筑垃圾批准手续和未采取环保防护设施，仍授意被告人张×江联系建筑垃圾倾倒在蜈蚣田地方。

被告人张×江经杨×（另案处理）介绍，同意唐×A（另案处理）在蜈蚣田地方倾倒建筑垃圾，并收取每车人民币750元、850元不等的场地费。2017年11月24日至2018年3月17日，唐×A组织14辆运输车，从杭州市垃圾中转站及建筑工地装运建筑垃圾运输至蜈蚣田地方倾倒53车次，倾倒垃圾总量2233余吨。其间，唐×A通过杨×付给张×江场地费共计人民币44250元。张×江除支付挖掘机费用人民币13250元外，实际获利人民币31000元。

被告人张×江经被告人邱×军介绍，同意被告人顾×良在蜈蚣田地方倾倒建筑垃圾，并收取每车850元场地费。2017年12月7日至2018年3月19日，被告人顾×良组织皖S×××××、皖S×××××、浙A×××××、赣F×××××（吕×A）、皖S×××××（吕×A）、皖S×××××（胡×A）、豫P×××××（范×A）、赣C×××××、皖S×××××共9辆运输车，从×××新街街道盛东村垃圾中转站×××垃圾中转站、杭州市×××区建筑（装修）固废资源化处置点、杭州市下城区中诸×路胜利南苑建筑垃圾再生利用制砖场、×××临浦电厂附近垃圾站、杭州市西湖区留合路等垃圾中转站及零星的建筑工地装运建筑垃圾至蜈蚣田地方倾倒 149 车次，倾倒垃圾总量 5370 余吨。顾×良支付给张×江场地费计人民币 126650 元，应支付邱×军每车人民币 150 元介绍费共计 22350 元。张×江除支付挖掘机费用及路×罚款外，实际获利人民币 65000 余元。

其中被告人韩×军于 2017 年 10 月份承包了×××街道盛东村垃圾中转站，在被告人顾×良未提供垃圾外运消纳证明的情况下，仍以支付人民币 4500 元每车的价格，让顾×良组织车辆从其垃圾中转站装运建筑垃圾到上述地方倾倒。2017 年 12 月 7 日至 2018 年 3 月 15 日，被告人顾×良从该中转站装运垃圾共计 37 车次，倾倒垃圾总量 1596 余吨。

被告人顾×良在组织车辆从杭州运输建筑垃圾到新昌倾倒期间，雇用邵×（另案处理）为车队长，协助其调度车辆，联系业务、结算运输费等；雇用被告人程××协助其带领运输垃圾车辆上高速、联系业务，收付部分运输费用等工作；雇用被告人陶××在蜈蚣田垃圾倾倒点指挥车辆倾倒垃圾；雇用被告人孟××在新昌高速出口处望风，观察交警和路×执法人员检查情况，并通过对讲机通知运输垃圾车辆。

被告人张×江以每车 250 元的价格雇用管理挖掘机（系被告人张×沛所有）的被告人张×帮助运输车辆倾倒垃圾。被告人何××受张×指派，驾驶挖掘机为张×江从运输垃圾车辆上倾卸垃圾 7000 余吨。

经绍兴市环保科技服务中心生态环境损害鉴定评估，上述非法倾倒的垃圾属有害物质，已对垃圾倾倒点下方土壤及地下水生态环境、周边地表水生态环境造成危害。生态环境损害价值 259.137456 万元（其中应急处置费用 200.3108 万元、生态环境损害数额 37.276656 万元、事务性费用 5.25 万元、水质恢复效果评估费用 6.5 万元、鉴定评估费用 9.8 万元)。案发后，新昌环卫处对上述倾倒地方进行清运，共清运处置垃圾 10828 吨。

2018 年 3 月 19 日，被告人陶××、孟××、张×、何××被公安机关抓获归案；同年 3 月 20 日、4 月 12 日、6 月 25 日，被告人顾×良、张×沛、程××先后自动到公安机关投案；同年 3 月 22 日、5 月 24 日、8 月 9 日，被告人韩×军、邱×军、张×江分别被公安机关抓获归案。上列被告人归案后均如实供述自己的犯罪事实。另查实，涉案人员已自愿缴纳垃圾处理费、环境修复费共计 255 万元，其中被告人顾×良 70 万元、韩×军 50 万元、张×沛 30 万元、张×10 万元、何××5 万元、唐×A8 万元、杨×3 万元、中诸葛路胜利南苑建筑垃圾再生利用制砖场孔×10 万元、建筑（装修）固废资源化处置点天尔物业蔡×B40 万元、涉案运输车辆车主胡×A、范×A、吕×A 分别 10 万元、10 万元、9 万元。

上述事实，有公诉机关提交并经法庭质证、认证的如下证据证实：

1. 被告人张×江供述。

2. 被告人顾×良供述。

3. 被告人韩×军供述。

4. 被告人邱×军供述及邱×军与程××的微信聊天记录。

5. 被告人张×沛（麻家田村书记）供述和农商银行交易明细。

6. 被告人程××供述。

7. 被告人陶××供述。

8. 被告人孟××供述。

9. 被告人张×供述。

10. 被告人何××供述。

11. 证人唐×A 证言。

12. 证人杨×证言。

13. 证人张×D 证言。

14. 证人沈×A 证言。

15. 证人蔡×A 证言。

16. 证人胡×B 证言。

17. 证人蔡×B 证言。

18. 证人孔×证言。

19. 证人吕×A 证言。

20. 证人胡×A 证言。

21. 证人范×A 证言。

22. 证人陈×A 证言。

23. 证人郑×A 证言。

24. 证人汪×证言。

25. 证人×××（街道盛东村治保主任）证言。

26. 证人张×A（麻家田村会计）证言。

27. 证人张×B（麻家田村村委）证言。

28. 证人张×E（麻家田村支委）证言。

29. 证人张×C（麻家田村村委主任）证言。

30. 证人吕×B 证言。

31. 证人张×F 证言。

32. 证人蔡×C（蔡×B 堂弟）、郑×B（韩×军妻子）、陈×B（何××妻子）、张×G（张×妻子）、高×（顾×良妻子）、张×H（张×沛女儿）证言。蔡×B、韩×军、何××、张×、顾×良、张×沛对上述所涉环境污染行为，6 人分别拿出 40 万元、50 万元、5 万元、10 万元、50 万元、30 万元作为垃圾处理费、环境修复费，以此希望从轻处罚。

33. 浙江上三高速公路股份有限公司关于皖S×××××、皖S×××××、浙A×××××、赣F×××××、皖S×××××、皖S×××××、豫P×××××、赣C×××××、皖S×××××、浙A×××××、浙A×××××、浙A×××××、浙A×××××、浙A×××××、浙A×××××、浙A×××××、浙A×××××、浙A×××××、浙A×××××、浙A×××××、浙A×××××、浙A×××××、浙A×××××出口流水明细、×××管理局关于上述车辆在杭州的出口流水详细信息及新昌县人民检察院关于各被告人涉案数额统计表证实。上述车辆在涉案期间运输垃圾的次数、车辆在新昌出口的载重吨数、杭州出口空车吨数。由此证实韩×军所涉车辆于2017年12月7日至2018年3月15日共从萧山装运垃圾至新昌37车次，共1596余吨；唐×A所涉车辆于2017年11月24日至2018年3月17日从杭州装运垃圾至新昌53车次，共2233余吨；顾×良所涉车辆从杭州、萧山装运垃圾至新昌149车次，共5370余吨。

34. 运输垃圾车辆上下新昌高速道口及线路卡口截图光盘证实，涉案车辆运输垃圾经过新昌高速道口、葫芦岙各卡口。

35. 吕×B与杨×微信聊天记录及转账记录。

36. 新昌县环境保护局查办案件移送函。

37. 新昌县环境保护局现场检查（勘查）笔录、现场勘查图、现场照片。

38. 鉴定意见。

39. 归案经过证实，各被告人的归案情况。

40. 辨认笔录。

41. 搜查笔录、扣押清单。

42. 扣押、发还清单。

43. 顾×良等人污染环境案主动自愿缴纳垃圾处理费清单。

44. 前科证明。

45.（2011）绍新刑初字第 99 号、第 301 号刑事判决书。

46. 户籍证明、人口基本信息证实各被告人的身份情况。

四、判案理由

法院认为，根据控辩双方发表的意见及附带民事公益诉讼诉辩双方的诉讼请求、答辩意见以及举证质证的情况，本案主要的争议焦点为：（1）被告人张×沛的行为是否构成犯罪以及是否为单位犯罪；（2）被告人张×江、韩×军是否构成从犯及相关各被告人主观恶意程度、邱×军非法获利金额的认定；（3）关于将蜈蚣田垃圾填埋场（已退役）与本案垃圾倾倒点污染环境的关系及由此是否减轻相应赔偿责任问题；（4）各附带民事公益诉讼被告是否承担民事赔偿责任及承担责任的方式和范围；（5）赔偿数额中处置垃圾吨数的认定及未实际支付的应急处置费、水质恢复效果评估费用是否应予赔偿。

（一）关于被告人张×沛的行为是否构成犯罪以及是否认定为单位犯罪

麻家田村两委干部张×C、张×E、张×B、张×A 证言均证实，在 2017 年下半年的一次村两委会议结束时，村支书张×沛提议蜈蚣田让张×江倒建筑垃圾，平整后准备造田造地。当时参会干部均未明确表态，未就该事项再行议事讨论，亦未要求村会计张×A 记录。另结合被告人张×沛供述，蜈蚣田造田造地经土管局等相关部门踏勘认为该地块目前状况不宜进行土地平整。该村未召开村民代表会议商量，也未就该项目报土管部门规划预算。故被告人张×沛的辩护人提出在该地块倾倒建筑垃圾系村集体决策，应由村集体承担责任的意见，与事实不符，不予采纳。2018 年 2 月 5 日新昌县政府下达文件，对麻家田村原有的两垃圾填埋场予以封场。故作为该村已任 3 届村委主任、2 届村党支部书记的主职干部张×沛，对倾倒垃圾是否会造成环境污染的危险或危害等方面应有主观上的认识，其在明知本村村民张×江没有垃圾处置资质、未采取任何环保处置措施的情况下，仍授意在蜈蚣田这一开放式的山坳里倾倒大量建筑垃圾，其主观上可认定具有污染环境的故意。在张×江等人倾倒垃圾过程中，张×江叫被告人张×所管理的挖掘机（属张×沛所有）至该倾倒点帮运输车辆卸垃圾、平整场地。张×亦告知挖掘机在帮张×江卸垃圾及所收取的价格情况，张×沛亦知晓何××为张×江在现场开挖掘机卸垃圾。事后，张×又将所管理挖掘机卸垃圾等收取的费用转至张×沛账户。故综上所述并结合本案造成环境污染的客观后果，被告人张×沛与张×江等人构成共同犯罪。故其辩护人提出即使张×沛构成犯罪，应为单位犯罪，张×沛为集体单位的决策者追责应认定为从犯的意见，不予采纳；关于张×沛不构成污染环境罪提出的相关意见，亦不予采纳。

（二）关于被告人张×江、韩×军是否构成从犯及相关各被告人主观恶意程度、邱×军非法获利金额的认定

被告人张×沛授意被告人张×江可在蜈蚣田倾倒建筑垃圾，张×江遂至该地平整道路，又经杨×、邱×军介绍，同意唐×A、顾×良在该地倾倒并积极协商倾倒每车垃圾价格等事宜，联系张×由何××至该场地帮运输车辆卸载垃圾、平整场地，又至现场进行管理并叫何××记录运载垃圾车数以便与顾×良、唐×A 结账，实际非法获利 9 万余元。被告人韩×军承包盛东村垃圾中转站，收费收取不能进正规垃圾处理站的混合垃圾，为赚取差价分拣后叫其同

学顾×良以 4500 元/车的价格拉走处理，其主观上明知顾×良没有填埋建筑垃圾的处置资质，在未要求提供垃圾消纳证明的情况下仍予运输至新昌倾倒。被告人张×江、韩×军在非法倾倒垃圾造成环境污染共同犯罪过程中起主要作用，为主犯。被告人张×江、韩×军的辩护人分别提出应认定为从犯的意见，不予采纳。

本案中经被告人邱×军等人介绍，被告人顾×良、韩×军将杭州、萧山等地垃圾中转站的垃圾非法倾倒至蜈蚣田，张×江、何××在现场管理、平整，程××、孟××、陶××协助顾×良运输至该处。根据各被告人供述及倾倒垃圾现场照片，各被告人均至现场目睹所倾倒的垃圾情况，主观上均明知处置垃圾应有相应资质，不得擅自倾倒、堆放。将涉案 7000 余吨装修、生活垃圾倾倒至此，亦未采取防雨、防渗等环保措施，势必对周边土壤、地表水、地下水等生态环境造成损害。故相关被告人的辩护人各自就涉案主观恶意方面提出主观恶性较小等意见，均不予采纳。被告人邱×军至萧山与韩×军、顾×良联系倾倒垃圾至新昌，在与张×江协商过程中明确要求从中赚取由顾×良支付的介绍费 150 元/车，又主动联系孟××、陶××关注倾倒垃圾车数。根据上三高速出口信息详单证实，顾×良所涉车辆从杭州、萧山装运垃圾至新昌共 149 车次，支付给邱×军的介绍费应为 22350 元，未实际支付部分不影响该涉案数额的认定。另根据被告人韩×军、邱×军、张×江供述，顾×良至新昌倾倒垃圾系邱×军介绍，于 2017 年 12 月开始组织车辆运输垃圾至蜈蚣田倾倒，在共同犯罪中邱×军应按顾×良涉案犯罪金额认定从犯而予以量刑，故被告人邱×军的辩护人提出仅按其参与部分承担后果的意见及邱×军的辩解，均不予采纳。

（三）关于将蜈蚣田垃圾填埋场（已退役）与本案垃圾倾倒点污染环境的关系及由此是否减轻相应赔偿责任问题

根据被告人张×江、张×沛供述证实，蜈蚣田原为废弃石宕，有村水库清理淤泥倾倒，后该处倾倒的垃圾为张×江联系所为。另鉴定评估意见书中关于因果关系分析证实，根据新昌县环境监测站、宁波市华测检测技术有限公司检测出具的检测报告分析及现场踏勘，主要通过明确的污染来源和污染排放行为及污染物迁移途径和合理性分析，确认张×江伙同他人非法倾倒垃圾的行为造成倾倒点周边地表水、地下水、土壤生态环境损害存在一定因果关系，但无法排除将蜈蚣田垃圾填埋场（已退役）对交叉污染的影响。故被告人张×江、顾×良的辩护人、附带民事公益诉讼被告滨和物业就此于因果关系方面提出的相关意见及被告人张×江的辩解意见，予以采纳。

根据鉴定评估意见书对特别事项的说明，虚拟治理成本是按照现行的治理技术和水平治理排放污染物所需的支出，是基于源头治理提出的方法。在本案中，垃圾渗滤液进入倾倒点周边生态环境，排放污染物事实存在，由于污染物已流失，不能通过恢复工程完全恢复，且该倾倒点毗邻将蜈蚣田垃圾填埋场，因果关系较难确定，地址较为偏僻，评估时间范围内未发现有村民在此进行农业活动，综合考虑本案使用虚拟治理成本法进行核算生态环境损害数额，由此计算出的生态环境损害数额不受麻家田将蜈蚣田垃圾填埋场的影响。故根据该说明，不减轻相应的赔偿责任。

（四）关于赔偿数额中处置垃圾吨数的认定及未实际支付的应急处置费、水质恢复效果评估费用是否应予赔偿

根据新昌环卫处《关于新昌××家田村将蜈蚣田垃圾倾倒点应急处置的相关详细说明》，眉岱垃圾填埋场为其他单位运营，配有最高负荷 30 吨的地磅，为尽快完成垃圾清运，运输车辆要求尽量装满，实际已发生超载行为，考虑地磅高负荷运营损坏，双方协商以抽查过磅方式核定每车运输重量。2018 年 4 月 8 日至 12

日，对眉岱垃圾填埋场过磅房抽检 51 车次，总净重为 1038.27 吨，平均每车大于 20 吨。故结合新昌环卫处《将蜈蚣田垃圾清运记录》、新昌县环新再生能源有限公司计量报表、过磅房的现场踏勘情况、运输车辆情况等，可认定运往眉岱垃圾填埋场的 177 车，按抽检结果以 20 吨/车计算共为 3540 吨属合理范畴。关于运往长远岗垃圾填埋场垃圾数量，该场地未配备地磅，通行虽近但较狭窄多弯道，新昌环卫处对该清运有原始工作记录共 977 车，对参与该次的车辆情况亦有统计，运装时尽量要求装满，基本达到侧板高度或以上，该处按每车 8 吨计算共为 7288 吨。新昌环卫处对本次清运垃圾进行简单分类处置，原则上送眉岱垃圾填埋场处置，该场地不接收的送将蜈蚣田（已退役）垃圾填埋场，运输费计算中已考虑两地距离远近差异。关于垃圾处置费用，眉岱垃圾填埋场依据新昌县环保局收费并经协调为按生活垃圾填埋价格 220 元/吨，长远岗垃圾填埋场因已处于封场阶段，且建设较早，填埋费用无相关依据，参照日常填埋费用为 80 元/吨。关于垃圾处置吨数的认定。此次垃圾倾倒至清运完毕历时 7 个月，所倾倒垃圾经鉴定属有害物质，现场无防雨、防渗等环保措施，露天于环境中，必然造成倾倒点及周边生态环境损害。经检测倾倒点下方东侧、西侧土壤中镉、铅等重金属超标，周边被污染土壤应需清运，处置数量必然增加，亦属防治环境污染的必然措施，且处置垃圾 10828 吨有新昌环卫处出具的相关证据予以证实。故对张×江就运输费、垃圾处置费用方面提出的辩解及滨和物业提出的关于刑事部分垃圾倾倒 7500 余吨与处置 1 万多吨不一致，要求承担 1 万多吨的垃圾应急处置费用属于扩大损失的相关意见，均不予采纳。

（五）关于应急处置费用和水质恢复效果评估费用是否应予赔偿

张×江等人倾倒垃圾污染环境，损害后果客观上已经存在，为防止当地生态环境破坏，必然需要清运处置，且新昌环卫处已依其职能进行清运并对清运数量进行详细记载。综上所述，对其记载的数量予以确认，因清运垃圾产生的应急处置费用无论是否已实际支付，均应予赔偿。根据绍兴市环保科技服务中心《突发环境事件应急处置阶段环境损害评估推荐方法》附件“是否启动中长期生态环境损害的判定原则”，并结合新昌县环境监测站2018年5月17日采样并出具的检测报告，该中心已于2019年4月24日出具水质恢复效果监测方案，制定定期监测计划，用于观察地表水水质恢复情况。确定监测周期自2019年5月10日起每月10日进行采样监测，为期12个月，每月按固定日期检测分析12次费用1.5万元、编制垃圾倾倒点水质恢复效果评估报告费用5万元，以用于当地水环境的监测与评估。故包括水环境在内的垃圾倾倒点生态环境损害均已因张×江等人的违法行为所实际造成损害，该6.5万元费用系确定环境污染及恢复情况所必须支出的费用，应由各侵权人承担。滨和物业、天尔物业分别提出应急处置费用未实际发生、水质恢复效果评估费用不应赔偿的意见，均不予采纳。

法院认为，被告人张×江、顾×良、韩×军、邱×军、张×沛、程××、陶××、孟××、张×、何××违反国家规定，倾倒有害物质，严重污染环境，其行为均已构成污染环境罪，其中被告人张×江、顾×良、邱×军、张×沛、程××、陶××、孟××、张×、何××污染环境后果特别严重。公诉机关指控的罪名成立，予以支持。在共同犯罪中，被告人张×江、顾×良、韩×军起主要作用，是主犯，应当按照所参与的全部犯罪处罚。被告人邱×军、张×沛、程××、陶××、孟××、张×、何××起次要或辅助作用，是从犯，均应减轻处罚。被告人邱×军在被判处有期徒刑刑罚执行完毕后，在五年内再犯应当判处有期徒刑以上刑罚之罪，系累犯，应当从重处罚；被告人张×江有犯罪前科，可酌情从重处罚。被告人顾×良、张×沛、程××犯罪后能自动投案，如实供述自己的罪行，系自首；被告人张×江、韩×军、邱×军、陶××、孟××、张×、何××归案后能如实供述自己的罪行，系坦白，可对各被告人分别从轻处罚。被告人顾×良、韩×军、张×沛、张×、何××已自愿缴纳垃圾处理费、环境修复费用共计 165 万元，量刑时结合各被告人在共同犯罪中所起的作用和所处的地位等，分别视情况从宽处罚。被告人顾×良曾因环境污染违法行为受过行政处罚，又组织倾倒有害的固废物，造成污染环境后果特别严重，依法不适用缓刑。被告人韩×军、张×沛、程××、陶××、孟××、张×、何××认罪态度较好，确有悔罪表现，没有再犯罪的危险，符合宣告缓刑的相关法律规定。根据张×江供述及唐×A 证言，张×江再次同意唐×A 倾倒垃圾要保证一定的车数，为此唐×A 联系李×至此共同倾倒，故唐×A 关于 53 车中应扣减李×车数的意见，不予采信。

五、定案结论

依照《刑法》第 338 条、第 25 条第 1 款、第 26 条第 1 款和第 4 款、第 27 条、第 36 条、第 65 条第 1 款、第 67 条第 1 款和第 3 款、第 72 条、第 73 条第 2 款和第 3 款、第 64 条，《固体废物污染环境防治法》第 85 条，《环境保护法》第 64 条，《侵权责任法》第 4 条、第 8 条、第 12 条、第 15 条、第 65 条，《最高人民法院关于审理民事公益诉讼案件适用法律若干问题的解释》第

18 条、第 20 条、第 21 条、第 22 条，《刑事诉讼法》第 101 条第 2 款及《民事诉讼法》第 55 条之规定，判决如下：

1. 被告人张×江犯污染环境罪，判处有期徒刑五年，并处罚金人民币二十万元；

2. 被告人顾×良犯污染环境罪，判处有期徒刑三年，并处罚金人民币十五万元；

3. 被告人韩×军犯污染环境罪，判处有期徒刑一年六个月，缓刑二年，并处罚金人民币五万元；

4. 被告人邱×军犯污染环境罪，判处有期徒刑二年，并处罚金人民币五万元；

5. 被告人张×沛犯污染环境罪，判处有期徒刑二年，缓刑二年六个月，并处罚金人民币五万元；

6. 被告人程××犯污染环境罪，判处有期徒刑一年六个月，缓刑二年，并处罚金人民币二万元；

7. 被告人陶××犯污染环境罪，判处有期徒刑一年六个月，缓刑二年，并处罚金人民币二万元；

8. 被告人孟××犯污染环境罪，判处有期徒刑一年六个月，缓刑二年，并处罚金人民币二万元；

9. 被告人张×犯污染环境罪，判处有期徒刑一年六个月，缓刑二年，并处罚金人民币二万元；

10. 被告人何××犯污染环境罪，判处有期徒刑一年，缓刑一年六个月，并处罚金人民币一万元；

11. 禁止被告人韩×军在缓刑考验期限内从事垃圾处理及相关经营性活动（禁止令期限自判决确定之日起计算）。

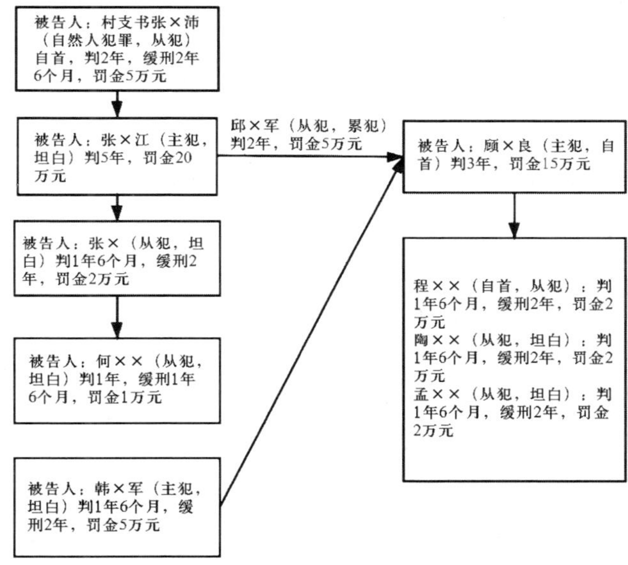

图 7　判决思维导图

六、本案侦查重点和法理评析

（一）本案侦查重点

1. 污染环境犯罪要求“严重污染环境”的构成要件，因此，查明对环境的污染后果就是必须完成的侦查工作。尤其是在造成的污染后果特别严重的情况下，需要收集固定证据，证明犯罪行为所造成污染环境的后果。应当注意的是，责任主体的行为与污染环境的后果之间的因果关系是一个至关重要的问题。因果关系是犯罪构成要件中极为重要的一个客观要素，是责任主体承担相关法律责任的客观基础。这也是辩护人进行无罪或罪轻辩护的关键辩点之一。

污染环境造成的危害后果极为严重时，造成的财产损失是难以精确计算的，有时甚至难以估量。对于此类案件如何认定，如何判处相应的刑罚，就是一个必须面对的理论和实践问题。尤其是涉及民事赔偿和生态环境损害赔偿时，法院必须判定明确的数额。在某些情况下，造成公私财产损失的数额还会影响到罪与非罪的界限，对于当事人具有至关重要的意义。因此，查明因污染环境行为造成的损失，就是一个必须重视的工作。

2018 年最高人民法院、最高人民检察院《关于办理环境污染刑事案件适用法律若干问题的解释》第 1 条规定了应当认定为“严重污染环境”的共有 18 种情形，第 2 条规定了应当认定为“后果特别严重”的共有 13 种情形。实践中，往往存在既造成了财产损失，又存在非法排放、倾倒、处置危险废物的情形。此时，应当采用计算危险废物重量的方式来认定“严重污染环境”或者“后果特别严重”。如按照公私财产损失来计算，根据上述解释第 17 条第 4 款规定：“本解释所称‘公私财产损失’，包括实施刑法第三百三十八条、第三百三十九条规定的行为直接造成财产损毁、减少的实际价值，为防止污染扩大、消除污染而采取必要合理措施所产生的费用，以及处置突发环境事件的应急监测费用。”在司法实践中，司法机关对于公私财产损失数额的认定，往往依据环保部门出具的鉴定评估报告。而环保部门在出具鉴定评估报告时，依据的不是上述解释，而是环境保护部颁发的《突发环境事件应急处置阶段环境损害评估推荐方法》（环办〔2014〕118 号）和《环境损害鉴定评估推荐方法（第Ⅱ版）》这两个部门规章。同时，环保部门出具的鉴定评估意见根本见不到“公私财产损失”的表述，取而代之的是“应急处置费用”。理论上，司法审判作为量刑依据、决定被告人命运的“公私财产损失”和环保部门出具的“应急处置费用”这两个概念在内涵和外延上是否一致？如果不一致，司法机关能否直接将“应急处置费用”的计算数额作为“公私财产损失”的计算数额来量刑？关于应急处置费用的定义，见《突发环境事件应急处置阶段环境损害评估推荐方法》（环办〔2014〕118号）第3.3条之规定：“应急处置费用，指突发环境事件应急处置期间，为减轻或消除对公众健康、公私财产和生态环境造成的危害，各级政府与相关单位针对可能或已经发生的突发环境事件而采取的行动和措施所发生的费用。”以及《环境损害鉴定评估推荐方法（第Ⅱ版）》第4.6条之规定：“应急处置费用，指突发环境事件应急处置期间，为减轻或消除对公众健康、公私财产和生态环境造成的危害，各级政府与相关单位针对可能或已经发生的突发环境事件而采取的行动和措施所发生的费用。”以上两个推荐方法对应急处置费用的定义，是完全相同的。它适用于因污染环境或者破坏生态行为（包括突发环境事件）导致人身、财产、生态环境损害而出现应急处置费用和其他事务性费用的鉴定评估。它的外延比“公私财产损失”多出了人身损害和生态环境损害。因此，司法机关对于上述解释所涉及的“公私财产损失”的计算，只可以参考“应急处置费用”的数额，不宜直接适用。所以，按照公私财产损失定罪量刑，实践中操作难度较大，还是采用计算危险废物的重量的方式为宜。查明“严重污染环境”或者“后果特别严重”等情节时，如同时具有致使公私财产损失和非法排放、倾倒、处置危险废物两种情形的，尽量采用计算危险废物的重量的方式，这样相对容易操作。但是，从民事赔偿和生态环境损害赔偿的角度看，确定环境污染造成的财产损失、生态环境损害数额以及公私财产损失还是属于应当查明的关键事实。

2. 查明每个犯罪嫌疑人在本次共同犯罪中的地位、作用，区分主犯和从犯。

共同犯罪，是指二人以上共同故意犯罪。在共同犯罪中，起到组织、领导作用的是主犯；起到次要、辅助作用的是从犯。区分主犯、从犯，对于正确量刑、罚当其罪具有重要意义。因此，主犯、从犯的认定，也往往是控辩双方争论的焦点之一。根据《刑事诉讼法》第 162 条之规定："公安机关侦查终结的案件，应当做到犯罪事实清楚，证据确实、充分，并且写出起诉意见书，连同案卷材料、证据一并移送同级人民检察院审查决定……"再根据《公安机关办理刑事案件程序规定》第 280 条之规定："共同犯罪案件的起诉意见书，应当写明每个犯罪嫌疑人在共同犯罪中的地位、作用、具体罪责和认罪态度，并分别提出处理意见。"可以看出，在公安机关侦查终结时，就应该依据每个犯罪嫌疑人在共同犯罪中的地位、作用，对主犯、从犯进行认定，并在《起诉意见书》中写明，尽量避免在庭审中，控辩双方对此出现较大的争议。当然，并不是每个共同犯罪案件都必然区分主犯和从犯，这一点在侦查工作中也要注意。本案中，被告人张×江、韩×军是否应当认定为从犯的问题，从张×江平整运输建筑垃圾道路、联系张×、何××帮助卸载垃圾、亲自进行现场管理和实际非法获利 9 万元来看，被告人张×江不宜认定为从犯；同样，被告人韩×军承包盛东村垃圾中转站，收费收取不能进正规垃圾处理站的混合垃圾，为赚取差价分拣后叫其同学顾×良以 4500 元/车的价格拉走处理，其主观上明知顾×良没有填埋建筑垃圾的处置资质，在未要求提供垃圾消纳证明的情况下仍予运输至新昌倾倒。综合二被告人张×江、韩×军在非法倾倒垃圾造成环境污染共同犯罪过程中所起的作用来看，认定二被告人为主犯是正确的。

（二）法理评析

1. 关于单位犯罪。最高人民法院、最高人民检察院、公安部、司法部、生态环境部《关于办理环境污染刑事案件有关问题座谈会纪要》规定："为了单位利益，实施环境污染行为，并具有下列情形之一的，应当认定为单位犯罪：（1）经单位决策机构按照决策程序决定的；（2）经单位实际控制人、主要负责人或者授权的分管负责人决定、同意的；（3）单位实际控制人、主要负责人或者授权的分管负责人得知单位成员个人实施环境污染犯罪行为，并未加以制止或者及时采取措施，而是予以追认、纵容或者默许的；（4）使用单位营业执照、合同书、公章、印鉴等对外开展活动，并调用单位车辆、船舶、生产设备、原辅材料等实施环境污染犯罪行为的。"也就是说，认定单位犯罪的前提条件，是"为了单位利益，实施污染行为"。本案中，虽然是在2017年下半年的一次村两委会议结束时，村支书张×沛提议蜈蚣田让张×江倒建筑垃圾，平整后准备造田造地，当时参会干部均未明确表态，未就该事项再行议事讨论，亦未要求村会计张×A记录。但是另结合被告人张×沛供述，蜈蚣田造田造地经土管局等相关部门踏勘认为该地块目前状况不宜进行土地平整项目，该村未召开村民代表会议商量，也未就该土地经土管部门规划预算。所以本案不属于在该地块倾倒建筑垃圾系村集体决策，不应由村集体承担责任。从收益来看，张×又将所管理挖掘机卸垃圾等收取的费用转至张×沛账户，不是为了村集体的利益。所以，本案不构成单位犯罪。

2. 污染环境罪的单位犯罪，单纯从量刑上看，对于责任人的责任追究没有影响。一般来说，构成单位犯罪，对直接负责的主管人员和其他直接责任人员的量刑，往往比自然人犯罪要轻一些。但是，根据最高人民法院、最高人民检察院《关于办理环境污染刑事案件适用法律若干问题的解释》第 11 条之规定："单位实施本解释规定的犯罪的，依照本解释规定的定罪量刑标准，对直接负责的主管人员和其他直接责任人员定罪处罚，并对单位判处罚金。"可以看出，即使构成单位犯罪，对直接负责的主管人员和其他直接责任人员，直接依照本解释规定的定罪量刑标准定罪处罚，并没有从轻或者减轻的情形。所以，污染环境罪单纯从量刑上评价，是否构成单位犯罪，均不影响对被告人责任的追究。

3. 对比辩护思维导图和判决思维导图可以看出，被告人张×沛的辩护人认为"建筑垃圾不是污染物"这一观点没有被人民法院采信。从污染环境罪，污染物包括有放射性的废物、含传染病病原体的废物、有毒物质或者其他有害物质。最高人民法院、最高人民检察院《关于办理环境污染刑事案件适用法律若干问题的解释》第 15 条规定："下列物质应当认定为刑法第三百三十八条规定的'有毒物质'：（一）危险废物，是指列入国家危险废物名录，或者根据国家规定的危险废物鉴别标准和鉴别方法认定的，具有危险特性的废物；（二）《关于持久性有机污染物的斯德哥尔摩公约》附件所列物质；（三）含重金属的污染物；（四）其他具有毒性，可能污染环境的物质。"同时对于危险废物的认定，最高人民法院、最高人民检察院、公安部、司法部、生态环境部联合印发的《关于办理环境污染刑事案件有关问题座谈会纪要》第 13 条规定，对于危险废物如何认定以及是否需要鉴定，应当区分两种不同情况，分别作出处理：（1）如果根据涉案物品来源和相应特征，可以认定为列入名录的危险废物的，可以依据名录直接认定为危险废物，不需要进行鉴定；（2）对于来源和相应特征不明确的，由生态环境部门、公安机关等出具书面意见，司法机关可以依据涉案物质的来源、产生过程、被告人供述、证人证言以及经批准或者备案的环境影响评价文件等证据，结合上述书面意见作出是否属于危险废物的认定。最高人民法院政策研究室喻海松博士在《环境资源犯罪实务精释》一书中指出："特别是，一些本身无害的东西，但直接在环境中排放、倾倒、处置，会对环境造成危害，可以认定为'有害物质'。例如，将大量牛奶倒入饮用水水源一级保护区，可能污染饮用水水体，可以认定为'有害物质'。"本案中，各被告人分工协作、相互配合，将建筑垃圾直接排放，造成了环境污染，这些建筑垃圾就应当认定为"其他有害物质"。

案例3：沈××等污染环境案

——污染环境案件的行刑衔接与生态修复费用承担

一、被告人基本情况

被告人暨附带民事公益诉讼被告人沈××、侯××、曹××、王×、樊×、许×、曹×甲、邵×、葛×、潘×、张×甲、曹×乙、王×甲、沈×，共14名自然人被告人，没有单位被告人。

二、控辩意见

（一）公诉机关指控

×××人民检察院指控：

1. 被告人沈××、侯××、曹××、王×污染环境。

2016年3月至2017年9月期间，被告人沈××、侯××、曹××在未办理工商营业执照和危险废物经营许可证等手续的情况下，经商议，共同出资，合伙从事废铅蓄电池的拆解、冶炼并制成铅锭等予以出售牟利。2017年4月至2017年8月期间，被告人王×明知被告人沈××等人无危险废物经营许可证，仍出资人民币34万元，与被告人沈××、侯××、曹××合伙从事废铅蓄电池的拆解、冶炼并制成铅锭等予以出售牟利。

在此期间，被告人沈××等人先后于×××卫生防水槽生产企业厂房、×××区丁集镇西站村鑫鑫门业公司厂房、×××区袁集乡双庄村祥华钢结构工程有限公司西侧厂房、×××区三树镇新星秸秆压块厂厂房、×××区棉花镇十里村开荒路南首厂房、×××区马头镇陶闸工业集中区佳一粉体有限公司厂房、×××区马头镇陶闸工业集中区鹏力工贸有限公司东侧厂房进行废铅蓄电池的拆解；租赁淮安市×××区华能×××发电有限公司灰库区南侧厂房用于冶炼铅锭。其中，被告人沈××负责废铅蓄电池的收购、各生产现场的管理等；被告人曹××负责联系部分废铅蓄电池的收购、销售冶炼所得的成品铅锭等；被告人侯××负责联系他人建造铅锭炼制炉、提供部分生产原料等；被告人王×负责联系部分废铅蓄电池的收购、核对地磅等。其中，被告人沈××、侯××、曹××非法处置废铅蓄电池 14000 余吨；被告人王×非法处置废铅蓄电池 4600 余吨。

2. 被告人邵×、葛×、潘×污染环境。

2016 年 6 月至 2017 年 9 月 25 日，被告人邵×明知沈××等人无危险废物经营许可证从事废铅蓄电池拆解、冶炼污染环境，仍担任会计负责记账，并通过其加入的多个微信群，监督各生产环节。被告人邵×参与非法处置废铅蓄电池共计 14000 余吨。

2016 年 3 月至 2017 年 9 月 25 日，被告人葛×驾驶辽 14. 174××号农用车和苏 N×××××号重型半挂牵引车，2016 年 11 月至 2017 年 9 月 25 日，被告人潘×驾驶鲁 G×××××号普通重型半挂车，二人在明知沈××等人无危险废物经营许可证从事废铅蓄电池拆解、冶炼污染环境的情况下，仍帮助被告人沈××等人运输废铅蓄电池至上述拆解点、运输成品铅锭至销售地以及运输冶炼所需的煤、铁粉等。其间，被告人葛×雇用王×己帮助运输。其中被告人葛×参与非法处置废铅蓄电池 14000 余吨；被告人潘×参与非法处置废铅蓄电池 12000 余吨。

3. 被告人樊×、张×甲、沈×污染环境。

2016年底，被告人樊×与被告人沈××于×××钱江路南侧厂房内收购废铅蓄电池。2017年4月，被告人樊×明知被告人沈××等人无危险废物经营许可证从事废铅蓄电池的拆解、冶炼污染环境，仍向其销售废铅蓄电池。被告人樊×参与非法处置废铅蓄电池共计6800余吨。

被告人张×甲于2016年7月、被告人沈×于2017年4月明知沈××等人无危险废物经营许可证从事废铅蓄电池的拆解、冶炼污染环境，仍在淮安市×××区丁集镇厂房、淮安市×××区钱江路南侧厂房实施对工人进行管理、对废铅蓄电池称重等行为。其中，被告人沈×参与非法处置废铅蓄电池共计6800余吨；被告人张×甲参与非法处置废铅蓄电池共计10000余吨。

4. 被告人曹×甲、曹×乙、王×甲污染环境。

被告人曹×甲于2016年3月至2017年9月25日，被告人曹×乙于2016年5月至2017年4月20日、被告人王×甲于2017年4月22日至2017年9月25日，明知沈××等人无危险废物经营许可证从事废铅蓄电池拆解、冶炼污染环境，仍然由被告人曹×乙、王×甲担任上述废铅蓄电池拆解点负责人，负责给废铅蓄电池称重、管理工人等工作；由被告人曹×甲担任上述废铅蓄电池炼制点负责人，负责记账、管理个人等工作。其中，被告人曹×甲参与非法处置废铅蓄电池共计14000余吨；被告人曹×乙参与非法处置废铅蓄电池共计6200余吨；被告人王×甲参与非法处置废铅蓄电池共计8400余吨。

5. 被告人王×、许×污染环境。

2016年8月至2017年9月，被告人王×、许×在未办理工商营业执照和危险废物经营许可证等手续的情况下，租赁淮安×××

快鹿牛奶厂对面厂房，合伙从事对被告人沈××等人的废铅蓄电池拆解点购进的废铅蓄电池壳进行粉碎处理并出售牟利。被告人王×、许×参与非法处置废铅蓄电池壳共计440余吨。

案发后，淮安市×××区陶闸工业集中区拆解点及淮安市×××区华能×××发电有限公司灰库区附近炼制点依法扣押未拆解废铅蓄电池36.46吨，拆解后废铅蓄电池32.262吨，废铅蓄电池拆解后待熔炼铅板70.544吨，废铅蓄电池铅板熔融后成品铅锭60.059吨，废铅蓄电池外壳（封盖）9.03吨。

经×××环境保护局及其×××分局认定，涉案的未拆解的废铅蓄电池、已拆解的废铅蓄电池铅板、废旧蓄电池壳，均属于《国家危险废物名录》中的危险废物。

另查，被告人曹××、王×、邵×犯罪后自动投案，并如实供述自己的罪行；被告人沈××揭发他人犯罪行为；被告人曹××协助公安机关抓捕其他犯罪嫌疑人。被告人沈××主动退出违法所得人民币100万元，被告人侯××主动退出违法所得人民币110万元，被告人曹××主动退出违法所得人民币180万元，被告人王×主动退出违法所得人民币10万元，被告人樊×主动退出违法所得人民币10万元，被告人许×主动退出违法所得人民币8万元，被告人葛×主动退出违法所得人民币5万元，被告人潘×主动退出违法所得人民币5万元，被告人曹×甲主动退出违法所得人民币6万元，被告人曹×乙主动退出违法所得人民币26000元，被告人王×甲主动退出违法所得人民币3万元，被告人张×甲主动退出违法所得人民币1万元。

为证实上述事实，公诉机关当庭宣读、出示了被告人供述、证人证言、相关书证等证据。公诉机关认为，被告人沈××、侯××、曹××、王×、樊×、许×、曹×甲、邵×、葛×、潘×、张×甲、曹×乙、王×甲、沈×违反国家规定，处置危险废物，后果特别严重，其行为均已构成污染环境罪。被告人王×、许×共同故意犯罪，系共同犯罪。被告人沈××、侯××、曹××、王×、樊×、曹×甲、邵×、葛×、潘×、张×甲、曹×乙、王×甲、沈×共同故意犯罪，系共同犯罪。被告人沈××、侯××、曹××、王×、樊×、许×在共同犯罪中起主要作用，均系主犯。被告人曹×甲、邵×、葛×、潘×、张×甲、曹×乙、王×甲、沈×在共同犯罪中起次要或辅助作用，均系从犯，依法应当减轻处罚。被告人曹××、王×、邵×犯罪后自动投案，并如实供述自己的罪行，均系自首，可以从轻处罚。被告人沈××揭发他人犯罪行为，被告人曹××协助公安机关抓捕其他犯罪嫌疑人，均系立功，可以从轻处罚。被告人沈××、侯××、许×、樊×、曹×甲、葛×、潘×、张×甲、曹×乙、王×甲、沈×如实供述自己的罪行，均系坦白，可以从轻处罚。

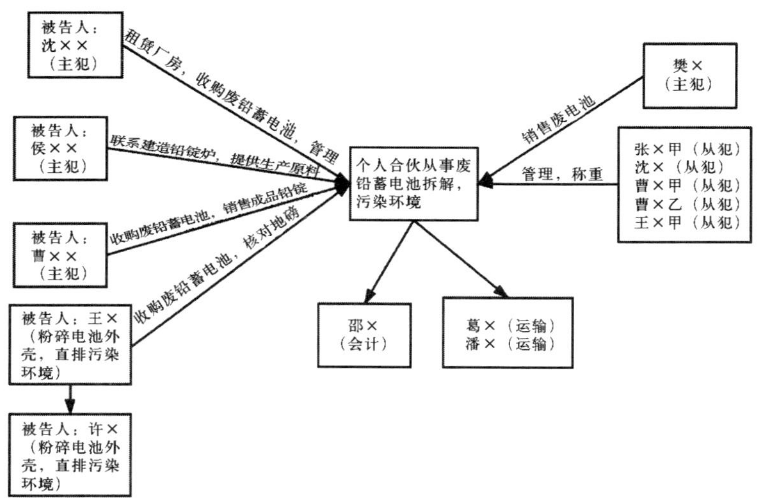

图8　公诉思维导图

（二）被告人和辩护人的辩护意见

14 名被告人对起诉书指控的犯罪事实及罪名均表示无异议。

被告人沈××的辩护人提出的辩护及答辩意见是：（1）沈××具有自首情节；（2）公益诉讼起诉书所称的危险废物已被公安机关处置；（3）起诉书第二项诉讼请求修复土壤、恢复原状的内容不明确；（4）诉讼请求第三项主张的赔偿数额没有法律依据和事实基础。

被告人侯××的辩护人提出的辩护及答辩意见是：（1）侯××系从犯，且具有坦白、积极退赃等从轻情节；（2）起诉书主张的损害事实、损害结果没有事实依据，起诉人所依据的鉴定意见计算方法有误，认定的损害后果没有依据。

被告人曹××的辩护人提出的辩护及答辩意见是：（1）曹××系从犯，具有自首、立功情节，且有积极退赃等从轻、减轻处罚的情节；（2）对起诉书第三项诉讼请求主张的赔偿数额有异议，鉴定意见不能作为认定损害赔偿数额的依据。

被告人樊×的辩护人提出的辩护及答辩意见是：（1）樊×系从犯；（2）起诉人的诉讼请求存在重复；（3）樊×未参与电池拆解等侵权行为，其仅出售电池，与本案环境损害后果没有直接联系，过错程度较小；（4）鉴定意见认定的赔偿数额不合理。

被告人王×的辩护人提出的辩护意见是：（1）王×系从犯；（2）起诉书指控王×参与处置废铅蓄电池壳的证据存疑，不应认定为后果特别严重；（3）王×犯罪后提前离开，系犯罪中止。

被告人许×的辩护人提出的辩护意见是：（1）许×系清洗废铅蓄电池外壳造成环境污染，应以其非法排放的废水中污染物是否超过国家标准来认定其犯罪事实，而非以其处置的危险废物数量来认定；（2）许×具有坦白、积极退赃等从轻处罚情节，建议适用缓刑。

被告人王×、许×的代理人发表的答辩意见是：（1）诉讼请求第二项和第三项属于重复主张，第一项、第二项已要求王×处置被污染场地的危险废物，修复环境，恢复原状，就不应存在应急处置费；（2）起诉书要求王×承担全部连带责任不合理，王×没有获利；（3）起诉书追加的诉讼请求不合理，王×参与的粉碎废铅蓄电池塑料外壳的场地已经恢复原状。

被告人曹×甲的辩护人提出曹×甲系从犯，且具有坦白情节，建议适用缓刑的辩护意见。

被告人邵×的辩护人提出邵×具有自首情节，建议适用缓刑的辩护意见。

被告人葛×的辩护人提出葛×具有立功表现的辩护意见。

被告人潘×的辩护人提出的辩护及答辩意见是：（1）起诉书指控潘×参与处置危险废物的数量有误，应认定为 5820 吨，潘×应当在此数量范围内承担损害赔偿责任；（2）潘×系从犯，且具有坦白、认罪、积极退赃等情节，建议适用缓刑。

被告人张×甲的辩护人提出张×甲不构成污染环境罪，民事赔偿部分数量认定及责任划分错误的辩护及答辩意见。

被告人曹×乙的辩护人提出曹×乙系从犯，属初犯，建议适用缓刑的辩护意见。

被告人沈×的辩护人提出沈×系从犯，建议适用缓刑的辩护意见。

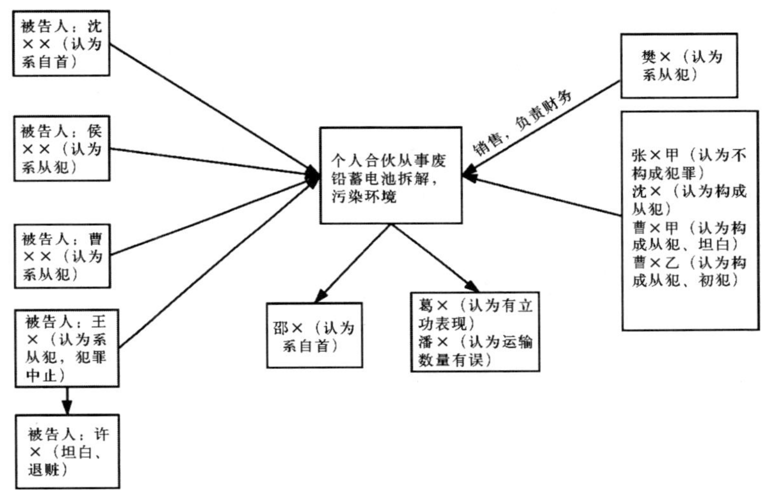

图9　辩护思维导图

三、人民法院认定的事实和证据

经审理查明：

1. 被告人沈××、侯××、曹××、王×污染环境事实部分。

2016年3月开始，被告人沈××、侯××、曹××商议，各出资人民币130万元，在未办理工商营业执照和危险废物经营许可证等手续的情况下，合伙从事废铅蓄电池的拆解、冶炼并制成铅锭等予以出售牟利。2017年4月至2017年8月期间，被告人王×明知被告人沈××等人无危险废物经营许可证，仍出资人民币34万元，与被告人沈××、侯××、曹××合伙从事废铅蓄电池的拆解、冶炼并制成铅锭等予以出售牟利。

在此期间，被告人沈××等人先后将×××卫生防水槽生产企业厂房、×××区丁集镇西站村鑫鑫门业公司厂房、×××区袁集乡双庄村祥华钢结构工程有限公司西侧厂房、×××区三树镇新星秸秆压块厂厂房、×××区棉花镇十里村开荒路南首厂房、×××区马头镇陶闸工业集中区佳一粉体有限公司厂房、×××区马头镇陶闸工业集中区鹏力工贸有限公司东侧厂房进行废铅蓄电池的拆解；租赁淮安市×××区华能×××发电有限公司灰库区南侧厂房用于冶炼铅锭。其中，被告人沈××负责废铅蓄电池的收购、各生产现场的管理等；被告人曹××负责联系部分废铅蓄电池的收购、销售冶炼所得的成品铅锭等；被告人侯××负责联系他人建造铅锭炼制炉、提供部分生产原料等；被告人王×负责联系部分废铅蓄电池的收购、核对地磅等。其中，被告人沈××、侯××、曹××非法处置废铅蓄电池 14757.627 吨；被告人王×非法处置废铅蓄电池 4606.452 吨。其间，被告人沈××实际分得违法所得 220 余万元，侯××实际分得违法所得 110 万元，被告人曹××实际分得违法所得 180 万元，被告人王×实际分得违法所得 34 万元。

2. 被告人邵×、葛×、潘×污染环境事实部分。

2016 年 6 月至 2017 年 9 月 25 日，被告人邵×明知沈××等人无危险废物经营许可证从事废铅蓄电池拆解、冶炼污染环境，仍担任会计负责记账，并通过其加入的多个微信群，监督各生产环节。被告人邵×参与非法处置废铅蓄电池共计 14757.627 吨，获利 4 万余元。

被告人葛×、潘×在明知沈××等人无危险废物经营许可证从事废铅蓄电池拆解、冶炼污染环境的情况下，仍驾驶车辆帮助被告人沈××等人运输废铅蓄电池至上述拆解点、运输成品铅锭至销售地以及运输冶炼所需的煤、铁粉等。其中，2016 年 3 月至 2017 年 9 月 25 日，被告人葛×驾驶辽 14.174××号农用车和苏 N×××××号重型半挂牵引车参与非法处置废铅蓄电池 14757.627 吨，获利

10 万元左右。其间，被告人葛×雇用王×己帮助运输；2016 年 11 月至 2017 年 9 月 25 日，被告人潘×驾驶鲁 G×××××号普通重型半挂车参与非法处置废铅蓄电池 12266.256 吨，获利 6 万余元。

3. 被告人樊×、张×甲、沈×污染环境事实部分。

2016 年初，被告人沈××将××丁集镇厂房用于收购废铅蓄电池，后雇用被告人张×甲进行管理。2016 年底，被告人樊×与被告人沈××合伙在淮安市×××区钱江路南侧厂房内收购废铅蓄电池。2017 年 4 月，被告人樊×明知被告人沈××等人无危险废物经营许可证从事废铅蓄电池的拆解、冶炼污染环境，仍向其销售废铅蓄电池。被告人樊×、沈××非法处置废铅蓄电池共计 6878.288 吨，共计获利人民币 20 万元左右。

被告人张×甲自 2016 年 7 月开始明知沈××等人无危险废物经营许可证从事废铅蓄电池的拆解、冶炼污染环境，仍在淮安市×××区丁集镇厂房、淮安市×××区钱江路南侧厂房实施对工人进行管理、对废铅蓄电池称重等行为；被告人沈×自 2017 年 4 月开始，明知沈××等人无危险废物经营许可证从事废铅蓄电池的拆解、冶炼污染环境，仍在淮安市×××区钱江路南侧厂房实施对工人进行管理、对废铅蓄电池称重等行为。其中，被告人沈×参与非法处置废铅蓄电池共计 6878.288 吨，获利 3 万余元；被告人张×甲参与非法处置废铅蓄电池共计 10933.025 吨，获利 7 万元左右。

4. 被告人曹×甲、曹×乙、王×甲污染环境事实部分。

被告人曹×甲于 2016 年 3 月至 2017 年 9 月 25 日、被告人曹×乙于 2016 年 5 月至 2017 年 4 月 20 日、被告人王×甲于 2017 年 4 月 22 日至 2017 年 9 月 25 日，明知沈××等人无危险废物经营许可证从事废铅蓄电池拆解、冶炼污染环境，仍然由被告人曹×乙、王×甲担任上述废铅蓄电池拆解点负责人，负责给废铅蓄电池称重、管理工人等工作；由被告人曹×甲担任上述废铅蓄电池炼制点负责人，负责记账、管理个人等工作。其中，被告人曹×甲参与非法处置废铅蓄电池共计14757.627吨，获利6万元左右；被告人曹×乙参与非法处置废铅蓄电池共计6217.802吨，获利10万元左右；被告人王×甲参与非法处置废铅蓄电池共计8422.342吨，获利3万余元。

5. 被告人王×、许×污染环境事实部分。

2016年8月至2017年9月，被告人王×、许×在未办理工商营业执照和危险废物经营许可证等手续的情况下，租赁淮安×××快鹿牛奶厂对面厂房，合伙从事对被告人沈××等人的废铅蓄电池拆解点购进的废铅蓄电池壳进行粉碎处理并出售牟利。被告人王×、许×参与非法处置废铅蓄电池壳共计446.216吨，获利8万余元。

另查，淮安市×××区陶闸工业集中区拆解点及淮安市×××区华能×××发电有限公司灰库区附近炼制点依法扣押未拆解废铅蓄电池36.46吨，拆封后废铅蓄电池32.262吨，废铅蓄电池拆解后待熔炼铅板70.544吨，废铅蓄电池铅板熔融后成品铅锭60.059吨，废铅蓄电池外壳（封盖）9.03吨。2018年7月4日，淮安市公安局淮阴分局与江苏新春兴再生资源有限责任公司签订危废处置合同，将上述危险废物以及炼制点炼制炉内的烟灰、烟道灰、炉内废弃物依法处置，所得价款计人民币2353638.8元上缴至淮安市淮阴区财政局。

×××环境保护局及×××分局认定，涉案的未拆解的废铅蓄电池、已拆解的废铅蓄电池铅板、废旧蓄电池壳，均属于《国家危险废物名录》中的危险废物。

又查，2017年12月22日，被告人曹××、王×、邵×犯罪后自动投案，并如实供述自己的罪行；2017 年 10 月 9 日，被告人沈××、曹×甲主动投案，但到案后沈××接受公安机关的前四次讯问、曹×甲接受公安机关的前三次讯问时，均未如实供述自己的主要犯罪事实；2018 年 7 月 24 日，被告人沈××在羁押期间主动揭发他人犯罪行为（盗窃），后经查证属实；2018 年 1 月 24 日，被告人曹××协助公安机关抓捕其他犯罪嫌疑人，2018 年 11 月 27 日，被告人曹××主动揭发他人犯罪行为（盗窃），后经查证属实。案发后，被告人沈××主动退出违法所得人民币 100 万元，被告人侯××主动退出违法所得人民币 110 万元，被告人曹××主动退出违法所得人民币 180 万元，被告人王×主动退出违法所得人民币 10 万元，被告人樊×主动退出违法所得人民币 10 万元，被告人许×主动退出违法所得人民币 8 万元，被告人葛×主动退出违法所得人民币 5 万元，被告人潘×主动退出违法所得人民币 5 万元，被告人曹×甲主动退出违法所得人民币 6 万元，被告人曹×乙主动退出违法所得人民币 26000 元，被告人王×甲主动退出违法所得人民币 3 万元，被告人张×甲主动退出违法所得人民币 1 万元。

上述事实，有公诉机关暨刑事附带民事公益诉讼起诉人当庭宣读、出示的以下证据证实：

1. 书证部分。包括淮安市×××区环境保护局出具的案件移送函、环境违法行为立案审批表、12369 举报投诉电话转办单、《关于沈××、曹×甲等人在×××区从事危险废物处置行政许可资质的核实证明》、现场检查笔录、危废数量（称重）统计表、固体废物计量（称重）流水记录表、拆解点现场照片、沈××处废铅蓄电池拆解、熔融场地核心污染区面积及特征污染物记录表、行政处罚决定书，证实环保部门查处及移送公安机关的情况，被告人王

×甲手机内拍摄的拆解现场、收据照片，淮安市×××区码头镇陶闸村拆解厂、×××区华能电厂对面炼制铅锭厂、×××区钱江路收购厂的现场照片、租赁合同，邵×、姚×、曹×甲等人所作的出入库记录、库存总结、资产负债表、账本等账单，银行交易记录，公安机关出具的辨认笔录、指认现场笔录、查封笔录、扣押笔录、抓获经过、发（破）案经过、情况说明、证明、立案决定书、起诉意见书、现场勘验检查笔录、电子证据检查工作记录、危废处置合同，《法制日报》公告等。

2. 鉴定意见部分。包括淮安市×××区环境保护局出具的《关于涉嫌非法处置废铅蓄电池属性的认定意见、情况说明》，淮安市环境保护局经济技术开发区分局出具的《关于涉嫌非法处置废铅蓄电池外壳属性的初步认定意见》，南京大学环境规划设计研究院股份公司出具的《淮安市×××区“0925”污染环境案涉及废铅蓄电池拆解场地环境损害鉴定评估意见书》、《淮安经济技术开发区新港办事处团结村三组废铅蓄电池外壳粉碎场地环境损害鉴定评估意见书》、情况说明。

3. 证人证言部分。包括证人张×乙、王×乙、姜×、赵×甲、赵×乙、徐×、赵×丙、田×甲、田×乙、王×丙、包××、赵×丁、王×丁、朱×、黄×、周×、张×丙、干×、王×戊、郑×、赵×戊、姚×、王×己的证言。

4. 14 名被告人在侦查阶段的供述。

上述证据均经庭审质证，证据来源合法、有效，相互印证，具有证明效力，法院予以确认。

四、判案理由

针对公诉机关暨刑事附带民事公益诉讼起诉人的指控、诉讼请求和被告人及其辩护人、刑事附带民事公益诉讼委托代理人提出的辩解、辩护及答辩意见，结合审理查明的事实及证据，法院归纳并综合评判如下：

1. 对被告人侯××、曹××、王×、樊×的辩护人提出该四名被告人均系从犯的辩护意见。经查，被告人侯××、曹××与沈××合伙出资从事废铅蓄电池拆解、冶炼，出资额及比例相同，且对各自分工明确约定，被告人王×在参与入股后，亦有明确的分工，侯××、曹××、王×分别在设备、原料购买、招募工人、铅锭销售及监督管理等方面各司其职，该三人与沈××在共同实施废铅蓄电池拆解、冶炼的犯罪中虽分工不同，但地位、作用相当，不宜区分主从犯。被告人樊×与沈××合伙从事废铅蓄电池收购并销售给沈××等人用于拆解、冶炼，沈××负责废铅蓄电池的收购和销售，樊×负责财务，亦属于在共同犯罪中分工不同，但地位、作用相当，不宜区分主从犯。辩护人提出的辩护意见不能成立，法院不予采纳。

2. 对被告人沈××的辩护人提出沈××系自首的辩护意见。经查，被告人沈××虽于2018年10月9日主动投案，但其归案后的前四次讯问笔录均未能如实供述其主要犯罪事实，不能认定其属于如实供述，不符合自首的特征，不应认定为自首。辩护人提出的辩护意见不成立，法院不予采纳。

3. 对被告人许×的辩护人提出应以许×粉碎废铅蓄电池外壳排放污染物的标准作为认定犯罪后果的依据的辩护意见。法院认为，被告人许×未取得危险废物经营许可证，明知是危险废物仍予以处置，以其处置危险废物的数量认定其犯罪并无不当，辩护人提出的辩护意见不成立，法院不予采纳。

4. 对被告人王×的辩护人提出认定王×参与粉碎废铅蓄电池外壳的证据不足、王×属于犯罪中止的辩护意见。经查，被告人王×与许×合伙从事废铅蓄电池外壳的粉碎，其外壳来源于沈××等人拆解的电池，依据其购买价款及外壳的市场价格，结合被告人曹×甲所作账目记录，公诉机关就低认定王×粉碎电池外壳的数量为446.216吨，已有利于被告人，处置的危险废物数量已超过100吨，应当认定为后果特别严重。另，被告人王×于2017年4月至8月期间入股参与废铅蓄电池的拆解、冶炼，其在该期间的犯罪行为已实施完毕，属于犯罪既遂。其退股离开之后沈××等人继续实施的犯罪，公诉机关并未对王×提出指控。辩护人提出的辩护意见无事实和法律依据，法院不予采纳。

5. 对被告人潘×的辩护人提出起诉书指控潘×的犯罪数量有误，应认定为5820吨的辩护意见。经查，被告人潘×自2016年12月开始，明知沈××等人从事污染环境犯罪，仍受沈××的雇用，为沈××等人拆解、冶炼废铅蓄电池提供运输帮助，其虽供述帮助运输成品铅锭5820吨，但其在此期间一直接受沈××的指使，除运输铅锭外亦帮助运输废铅蓄电池、冶炼所需的煤等，其参与沈××等人的污染环境犯罪持续至本案案发，其主观上与沈××等人的犯罪故意具有意思联络，在此期间沈××等人所拆解、冶炼废铅蓄电池的数量亦应作为潘×参与实施共同犯罪的数量。辩护人提出的辩护意见不成立，法院不予采纳。

6. 对被告人葛×的辩护人提出葛×具有立功表现的辩护意见。经查，2018年1月8日，被告人葛×系被公安机关带至犯罪现场指认，其不具有协助抓捕其他嫌疑人的主观意愿和客观行为，不应认定为立功。辩护人提出的辩护意见，法院不予采纳。

7. 对被告人张×甲的辩护人提出张×甲不构成污染环境罪的辩护意见。经查，被告人张×甲明知被告人樊×等人不具有收购及销售废铅蓄电池的资质，仍受樊×及沈××的雇用参与收购，并在收购点负责现场管理等事务，其与樊×等人系污染环境犯罪的共犯，应当以污染环境罪定罪处罚。辩护人提出的辩护意见，法院不予采纳。

法院认为，被告人沈××、侯××、曹××、王×、樊×、许×、曹×甲、邵×、葛×、潘×、张×甲、曹×乙、王×甲、沈×违反国家规定，处置危险废物，后果特别严重，其行为均已构成污染环境罪。公诉机关指控罪名成立，法院予以支持。被告人沈××、侯××、曹××、王×、樊×、曹×甲、邵×、葛×、潘×、张×甲、曹×乙、王×甲、沈×共同故意犯罪，系共同犯罪。其中，被告人沈××、侯××、曹××、王×、樊×在共同犯罪中起主要作用，系主犯，应当按照其参与的全部犯罪予以处罚；被告人曹×甲、邵×、葛×、潘×、张×甲、曹×乙、王×甲、沈×在共同犯罪中起次要、辅助作用，系从犯，依法应当减轻处罚。被告人王×、许×共同故意犯罪，系共同犯罪。被告人曹××、王×、邵×案发后自动投案，并如实供述自己的罪行，均系自首，依法均可以从轻处罚。被告人沈××检举他人犯罪行为经查证属实，被告人曹××检举他人犯罪行为经查证属实且协助公安机关抓捕其他嫌疑人，均具有立功表现，依法均可以从轻处罚。被告人沈××、侯××、许×、樊×、曹×甲、葛×、潘×、张×甲、曹×乙、王×甲、沈×归案后如实供述自己的罪行，均系坦白，依法均可以从轻处罚。

被告人沈××、侯××、曹××、王×、樊×、许×、曹×甲、邵×、葛×、潘×、张×甲、曹×乙、王×甲、沈×无从事废铅蓄电池的处置资质，明知处置废铅蓄电池属于危险废物，为获取不法利益，从事废铅蓄电池的拆解、冶炼以及废铅蓄电池外壳的粉碎等犯罪活动，对周边环境造成极大的损害，依法对所造成的生态环境损害后果承担连带赔偿责任，并承担因此产生的应急处置费用和鉴定评估、检测费用。各被告人应在其参与处置危险废物的数量对应的造成生态环境损害数额范围内承担连带赔偿责任。

五、定案结论

依据《刑法》第 338 条、第 25 条第 1 款、第 26 条、第 27 条、第 67 条第 1 款和第 3 款、第 68 条、第 36 条、第 52 条、第 53 条、第 64 条，《最高人民法院、最高人民检察院关于办理污染环境刑事案件适用法律若干问题的解释》第 3 条第（2）项，《侵权责任法》第 4 条第 1 款、第 8 条、第 15 条第（6）项、第 65 条，《刑事诉讼法》第 101 条，《民事诉讼法》第 55 条，《最高人民法院关于适用〈中华人民共和国刑事诉讼法〉的解释》第 142 条，《最高人民法院关于审理环境民事公益诉讼案件适用法律若干问题的解释》第 20 条第 2 款、第 22 条，《最高人民法院、最高人民检察院关于检察公益诉讼案件适用法律若干问题的解释》第 20 条之规定，判决如下：

1. 被告人沈××犯污染环境罪，判处有期徒刑六年，并处罚金人民币一百五十万元。

2. 被告人侯××犯污染环境罪，判处有期徒刑四年三个月，并处罚金人民币一百二十万元。

3. 被告人曹××犯污染环境罪，判处有期徒刑三年八个月，并处罚金人民币一百万元。

4. 被告人王×犯污染环境罪，判处有期徒刑三年四个月，并处罚金人民币三十万元。

5. 被告人樊×犯污染环境罪，判处有期徒刑三年二个月，并处罚金人民币二十万元。

6. 被告人许×犯污染环境罪，判处有期徒刑三年，并处罚金人民币十万元。

7. 被告人曹×甲犯污染环境罪，判处有期徒刑二年，缓刑四年，并处罚金人民币十万元。

8. 被告人邵×犯污染环境罪，判处有期徒刑一年六个月，缓刑三年，并处罚金人民币六万元。

9. 被告人葛×犯污染环境罪，判处有期徒刑一年十个月，并处罚金人民币八万元。

10. 被告人潘×犯污染环境罪，判处有期徒刑一年十个月，并处罚金人民币八万元。

11. 被告人张×甲犯污染环境罪，判处有期徒刑二年，并处罚金人民币十万元。

12. 被告人曹×乙犯污染环境罪，判处有期徒刑一年八个月，并处罚金人民币七万元。

13. 被告人王×甲犯污染环境罪，判处有期徒刑一年八个月，并处罚金人民币七万元。

14. 被告人沈×犯污染环境罪，判处有期徒刑一年六个月，并处罚金人民币六万元。

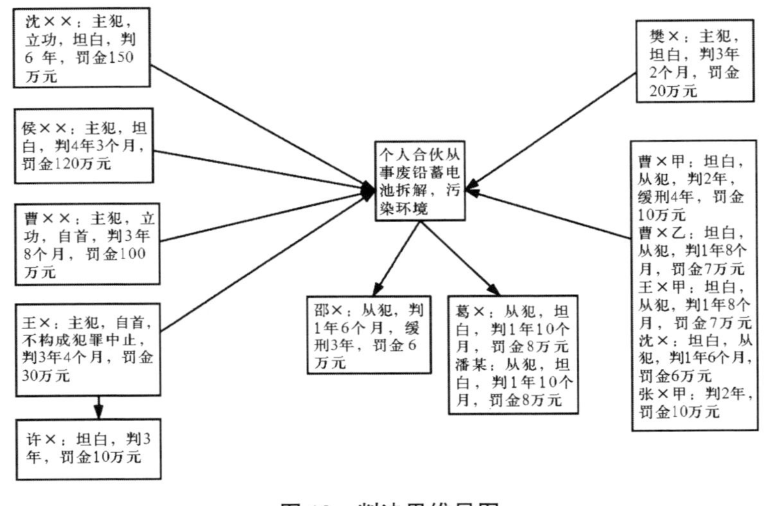

图 10　判决思维导图

六、侦查重点和法理评判

（一）侦查重点

1. 环境违法犯罪案件的办理需要做好环境保护部门和公安机关的行刑衔接。

公安机关接受政府环境保护主管部门移送涉嫌环境犯罪的案件材料，应当进行审查，主要依据为：环境保护部、公安部、最高人民检察院颁布的《环境保护行政执法与刑事司法衔接工作办法》第6条："环保部门移送涉嫌环境犯罪案件，应当自作出移送决定后24小时内向同级公安机关移交案件材料，并将案件移送书抄送同级人民检察院。环保部门向公安机关移送涉嫌环境犯罪案件时，应当附下列材料：（一）案件移送书，载明移送机关名称、涉嫌犯罪罪名及主要依据、案件主办人及联系方式等。案件移送书应当附移送材料清单，并加盖移送机关公章。（二）案件调查报告，载明案件来源、查获情况、犯罪嫌疑人基本情况、涉嫌犯罪的事实、证据和法律依据、处理建议和法律依据等。（三）现场检查（勘察）笔录、调查询问笔录、现场勘验图、采样记录单等。（四）涉案物品清单，载明已查封、扣押等采取行政强制措施的涉案物品名称、数量、特征、存放地等事项，并附采取行政强制措施、现场笔录等表明涉案物品来源的相关材料。（五）现场照片或者录音录像资料及清单，载明需证明的事实对象、拍摄人、拍摄时间、拍摄地点等。（六）监测、检验报告、突发环境事件调查报告、认定意见。（七）其他有关涉嫌犯罪的材料。对环境违法行为已经作出行政处罚决定的，还应当附行政处罚决定书。”

2. 证据的转化。

本案中，淮安市环保部门移交的材料包括：淮安市×××区环境保护局出具的案件移送函、环境违法行为立案审批表、12369举报投诉电话转办单、《关于沈××、曹×甲等人在×××区从事危险废物处置行政许可资质的核实证明》、现场检查笔录、危废数量（称重）统计表、固体废物计量（称重）流水记录表、拆解点现场照片、沈××处废铅蓄电池拆解、熔融场地核心污染区面积及特征污染物记录表、行政处罚决定书等材料，证据已经基本充分。假如公安机关审查发现移送的涉嫌环境犯罪案件证据不充分的，可以根据《环境保护行政执法与刑事司法衔接工作办法》第8条第2款之规定，向移送案件的环保部门提出补充调查意见，该环保部门应当按照要求补充调查，并及时将调查结果移送公安机关。

根据最高人民法院、最高人民检察院《关于办理环境污染刑事案件适用法律若干问题的解释》第12条的规定，环境保护主管部门及其所属监测机构在行政执法过程中收集的监测数据，在刑事诉讼中可以作为证据使用。公安机关单独或者会同环境保护主管部门，提取污染物样品进行检测获取的数据，在刑事诉讼中可以作为证据使用。也就是说，在行政案件办理过程中收集固定的部分证据，可以直接在刑事案件办理过程中直接转化为刑事办案的证据使用。这一方面因为这些证据具有客观性，作为刑事证据使用不会影响案件办理的公正性；另一方面也节省了执法和司法资源，提升了工作效率，避免了工作上的不必要的、毫无意义的重复，于公于私都具有合理性。

（二）法理评析

1. 污染环境罪的客观方面。

根据《刑法》第338条之规定："违反国家规定，排放、倾倒或者处置有放射性的废物、含传染病病原体的废物、有毒物质或者其他有害物质，严重污染环境的，处三年以下有期徒刑或者拘役……"可以看出，环境污染罪的客观方面表现为违反国家规定，排放、倾倒或者处置有放射性的废物、含传染病病原体的废物、有毒物质或者其他有害物质，严重污染环境的行为。其具体包括三个方面的要件：（1）违反国家规定。这是构成污染环境罪的前提条件，即违反《环境保护法》、《水污染防治法》、《大气污染防治法》等与环境保护相关的国家法律规定。（2）实施了排放、倾倒或者处置有放射性的废物、含传染病病原体的废物、有毒物质或者其他有害物质的行为，包括故意和过失。（3）造成了严重污染环境的后果，并不要求造成重大环境污染事故或者致使公私财产遭受重大损失或者人身伤亡的实际损害后果，只要达到了严重污染环境的程度即可。

根据《放射性污染防治法》第62条第（8）项规定：放射性废物，是指含有放射性核素或者被放射性核素污染，其浓度或者比活度大于国家确定的清洁解控水平，预期不再使用的废弃物。根据全国人大常委会法律工作委员会的意见，含传染病病原体的废物，是指含有能在人体或者动物体内生长、繁殖，通过空气、饮食、接触等方式传播，能对人体健康造成危害的传染病菌种和毒种的废弃物。以上两种废物的认定，都应当以鉴定意见或者检验报告为基础依法审查认定。对于有毒物质的认定，应当依据最高人民法院、最高人民检察院《关于办理环境污染刑事案件适用法律若干问题的解释》第15条之规定："下列物质应当认定为刑法第三百三十八条规定的'有毒物质'：（一）危险废物，是指列入国家危险废物名录，或者根据国家规定的危险废物鉴别标准和鉴别方法认定的，具有危险特性的废物；（二）《关于持久性有机污染物的斯德哥尔摩公约》附件所列物质；（三）含重金属的污染物；（四）其他具有毒性，可能污染环境的物质。"其中，这里的重金属包括铅、汞、镉、铬、砷、镍、铜、锌、银、钒、锰、钴、铊、锑汞14种。本案中，各被告人不具有处置危险废物的资质，非法处置的废铅蓄电池正是属于含重金属的污染物，他们为获取不法利益，实施废铅蓄电池的拆解、冶炼以及废铅蓄电池外壳的粉碎行为，客观上对周边环境造成污染的后果，完全符合污染环境罪的客观要件。结合其他犯罪构成的要件，已经构成污染环境罪，应当依法追究其刑事责任。所以，本案的判决是正确的。

2. 因果关系的证明责任与生态环境损害赔偿责任的承担。

环境污染犯罪同时一定是较为严重的环境侵权行为，因此环境污染犯罪的责任主体不仅应承担相应的刑事责任，而且应当承担相应的侵权责任。不管是犯罪行为还是侵权行为，都需要行为和结果之间具有因果关系。这是行为人承担刑事责任或侵权责任的客观基础。

但是，应当注意的是，对于因果关系的证明责任问题，侵权行为和犯罪行为的证明责任具有明显的区别。对于犯罪行为来说，公诉机关应当承担行为人构成犯罪的证明责任，也就意味着环境污染犯罪的因果关系证明责任在控方。但是环境侵权责任是作为一种特殊侵权行为，其证明责任分配和普通侵权行为有明显区别，也不同于犯罪行为。

根据《民法典》第 1230 条的规定，因污染环境发生纠纷，污染者应当就法律规定的不承担责任或者减轻责任的情形及其行为与损害之间不存在因果关系承担举证责任。也就是说，环境侵权责任实行的是因果关系的推定规则，举证因果关系不存在的责任在侵权方，如果侵权方举证不能，就肯定侵权行为和危害后果的因果关系。这无疑加重了侵权方的举证责任，减轻了被害方的举证责任。之所以作出这样的规定，一方面是因为被害方一般作为弱势一方其举证能力较为有限，更为重要的是环境侵权的因果关系极为复杂，有时还存在多因一果的情形，让被害人承担证明责任既不公正，也不经济。

因此，在构成污染环境罪的情况下，当事人承担相应的生态环境损害赔偿责任就是其中应有之义。具体而言，生态环境损害赔偿、应急处置费用、鉴定评估费用、检测费用等由于环境污染犯罪所产生的合理的费用由各责任主体承担，既体现了法律的公正性，也具有预防犯罪的效率和效果。

案例4：杨×A、杨×B等人污染环境案

——污染环境罪的鉴定问题

一、被告人基本情况

被告人暨附带民事公益诉讼被告人杨×A、杨×B、杜×、王××、赵××、董××、马××、史××、徐××、吴××、徐×共11名自然人被告人。

二、控辩意见

（一）公诉机关指控

1. ××××年10月至2018年3月，被告人杨×A在无危险废物经营许可证的情况下，伙同被告人杨×B、赵××、马××在××县西谷口村、老关岭村，利用甲醛废渣（系《国家危险废物名录》中的危险废物）提炼甲醛溶液牟利，造成环境严重污染。其中，被告人杨×A非法处置甲醛废渣228.55吨；被告人杨×B参与非法处置甲醛废渣210.55吨；被告人赵××参与非法处置甲醛废渣120余吨；被告人马××参与非法处置甲醛废渣80余吨。

2. ××××年7月至2018年5月，被告人杜×在无危险废物经营许可证的情况下，向杨×A及在山东省×××县×××区义堂镇后城子村的董×C、董×D（另案处理）等人销售甲醛废渣155吨，供

上述人员非法提炼甲醛溶液，造成环境严重污染。

3. ××××年 11 月至 2018 年 3 月，被告人王××在无危险废物经营许可证的情况下，在河北廊坊××木业有限公司、文安县××木业公司、天津××造纸厂等处清理甲醛废渣 90 余吨，并介绍被告人董×××到山×和生物科技有限公司清理甲醛废渣 13.55 吨。被告人王××将清理的甲醛废渣出售给被告人董××及费县钟罗山花园的董×E（另案处理），供其非法提炼甲醛溶液，造成环境严重污染。

4. ××××年 10 月至 2018 年 3 月，被告人董××、吴××在无危险废物经营许可证的情况下，在安徽省×××县周家镇郭程庄村，将收购的 16 吨甲醛废渣用于提炼甲醛溶液，并将未使用的甲醛废渣出售给被告人杨×A，供其非法提炼甲醛溶液，造成环境严重污染。其中，被告人董××参与出售甲醛废渣 71.55 吨，被告人吴××参与出售甲醛废渣 18 吨。

5. ××××年 10 月至 2018 年 3 月，被告人史××在无危险废物经营许可证的情况下，在河南舞阳县××木业公司、郑州市×碱水剂厂、山西省运城市××建材公司等处，清理甲醛废渣共计 67 吨，并将其中的 34 吨销售给被告人董××、吴××，供二人非法提炼甲醛溶液，造成环境严重污染。

6. 2018 年 3 月 30 日，被告人徐××在无危险废物经营许可证的情况下，在河南省×××县华宇油化有限公司，清理甲醛废渣 31 吨并出售给被告人杨×A，供其非法提炼甲醛溶液，造成环境严重污染。

7. ××××年 6 月，被告人徐×在无危险废物经营许可证的情况下，在广西壮族自治区贵港市东龙镇清理甲醛废渣 7 吨并出售给被告人杨×A，供其非法提炼甲醛溶液，造成环境严重污染。

2018 年 3 月至同年 9 月，被告人杨×A、赵××、杜×、徐×、吴××先后到公安机关投案。

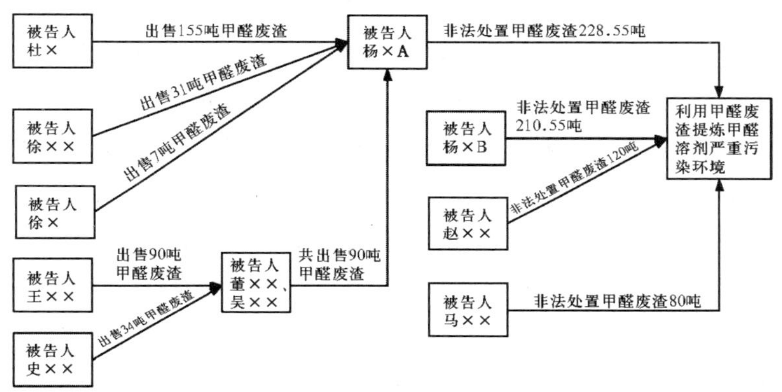

图 11　公诉思维导图

（二）被告人和辩护人的辩护意见

被告人杨×A 的辩护人兼附带民事公益诉讼代理人提出的辩护意见是：对起诉书指控的犯罪事实及罪名均无异议。但认为被告人具有以下从轻或减轻处罚情节：自首、初犯、认罪态度较好、具有悔罪表现、积极缴纳治理环境污染的费用 20 万元；鉴于被告人已离婚，离婚后三个孩子均由其抚养的家庭实际情况，请求对其适用缓刑并减免部分罚金。

提出的附带民事公益诉讼代理意见是：对附带民事公益诉讼的诉讼请求有异议。理由如下：（1）诉求请求第 1 项各被告人应承担的数额计算错误。（2）鉴定费用不应由被告人承担。（3）诉讼请求的第 1、2 项属于重复内容。

被告人杨×B 的辩护人提出的辩护意见是：对起诉书指控的罪名无异议，对事实部分有异议，认为起诉书指控被告人参与非法处置甲醛废渣 210.55 吨，事实不清，证据不足，认定数量过高。

被告人赵××的辩护人兼附带民事公益诉讼代理人提出的辩护意见是：(1) 定罪部分：对指控的罪名无异议，但对指控的吨数有异议。(2) 量刑部分：系从犯，自首、认罪悔罪态度好，平时表现良好；患有心脏病，需要长期用药并接受治疗，不适宜被羁押；在其所实施犯罪行为中并未获取任何非法利益，且愿意缴纳民事公益诉讼所确定的赔偿款及罚金，请求对其适用缓刑。

被告人马××的辩护人提出的辩护意见是：对起诉书指控的犯罪事实及罪名均无异议，但认为被告人具有法定的从轻和减轻处罚情节：(1) 系从犯。(2) 被告人处置危险废物和排放、倾倒危险废物有所不同，可以对比排放和倾倒行为从轻处罚。(3) 主观恶性较小，只是受雇于杨×A 打工赚钱养家。(4) 没有获利，处置、提炼甲醛整体获得利益的是杨×A，并非是合伙人；劳务报酬也未全部得到。(5) 认罪态度较好。(6) 家庭十分困难，其妻和次子均是智力障碍者，智力极度低下，无劳动能力；被告人外出打工收入是家庭收入的唯一来源；被告人被羁押后无生活来源，家庭生活陷入极度贫困状态，请求法庭对其适用缓刑。

被告人杜×的辩护人提出的辩护意见是：(1) 对起诉书指控被告人将吉林森林工业股份有限公司通化胶黏剂分公司（以下简称吉林森工通化分公司）出售给杨×A 的事实有异议，认为不能成立，其他无异议。(2) 被告人具有自首情节，认罪、悔罪态度好，已向侦查机关缴纳了 2 万元的环境污染治理费用，并具有积极缴纳环境污染治理费用的意愿等从轻处罚情节。请求对其从轻、减轻处罚。

被告人王××的辩护人兼附带民事公益诉讼代理人提出的辩护意见是：对起诉书指控被告人非法处置甲醛废渣 90 余吨无异议，

但对起诉书认定被告人行为属于后果特别严重情节有异议，认为不应将其介绍董××到山×和生物科技有限公司清理甲醛废渣13.55吨认定为犯罪数额。被告人行为不属于三年以上有期徒刑量刑情节。

被告人董××的辩护人兼附带民事公益诉讼代理人提出的辩护意见是：对起诉书指控被告人犯污染环境罪定性无异议，但认为被告人具有以下从轻、减轻的法定情节，并建议适用缓刑。理由如下：（1）系初犯。（2）构成特殊自首。（3）具有立功表现。（4）被告人的销售行为本身并不会直接造成环境污染的后果，其构成污染环境罪的情节较轻。（5）具有坦白情节。（6）愿意积极缴纳处置费用及罚金，请求从轻、减轻处罚，并适用缓刑。

被告人史××的辩护人兼附带民事公益诉讼代理人提出的辩护意见是：对起诉书指控的犯罪事实及罪名均无异议。但认为被告人具有以下从轻、减轻处罚的情节：（1）构成坦白。（2）自愿认罪、悔罪。（3）主观恶意不大。（4）无犯罪前科。（5）已经缴纳了3万元的污染治理费用，也愿意继续缴纳相应的环境治理费用及罚金。请求对被告人减轻处罚，并适用缓刑。

被告人徐××的辩护人兼附带民事公益诉讼代理人的辩护意是：对起诉书指控的犯罪事实及罪名均无异议。但认为被告人犯罪情节轻微：在第一次犯罪即清理的甲醛废渣在到达被告人杨×A处即被当场查获，未直接提炼甲醛溶液，未直接倾倒至自然环境造成土地被渗透破坏污染的严重后果；主观恶性较小；认罪态度好；系初犯。请求对其从轻、减轻处罚。

被告人吴××辩称：对起诉书指控的犯罪事实及罪名有异议：认为在砀山被环保部门查获后其就没有接触甲醛废渣，甲醛废渣是董××自己购买，也是他自己运输出售的，是董××的个人行为与其无关。对附带民事公益诉讼部分愿意承担法律规定的责任。

被告人徐×的辩护人兼附带民事公益诉讼代理人的辩护意见是：对起诉书指控的犯罪事实及罪名均无异议，但认为被告人有以下从轻、减轻情节：系从犯；具有自首情节；系初犯、偶犯；主观恶性小；自愿认罪、真诚悔罪；出售的数量较少；社会危险性较小；愿意积极缴纳罚金和进行赔偿。请求对被告人从轻、减轻处罚。

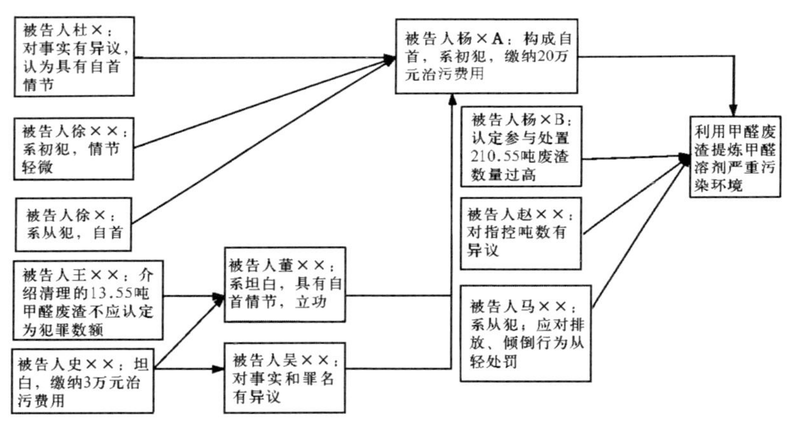

图 12　辩护思维导图

三、人民法院认定的事实和证据

经审理查明：

1. 2018 年 3 月 30 日，被告人徐××以非法牟利为目的，在无危险废物经营许可证的情况下，在河南省×××县华宇油化有限公司，清理甲醛废渣 31 吨出售给被告人杨×A，供其非法提炼甲醛溶液，造成环境严重污染。

2. ××××年 6 月，被告人徐×以非法牟利为目的，在无危险废物经营许可证的情况下，在广西壮族自治区贵港市东龙镇清理甲醛废渣 7 吨出售给被告人杨×A，供其非法提炼甲醛溶液，造成环境严重污染。

3. ××××年 11 月至 2018 年 3 月，被告人王××以非法牟利为目的，在无危险废物经营许可证的情况下，在河北廊坊××木业公司、文安县××林业公司、天津××造纸厂等处清理甲醛废渣 90 余吨，并将清理的甲醛废渣出售给被告人董××40 余吨及出售给费县钟罗山花园的董×E（另案处理)，供其非法提炼甲醛溶液，造成环境严重污染。

4. ××××年 10 月至 2018 年 3 月，被告人史××以非法牟利为目的，在无危险废物经营许可证的情况下，在河南舞阳县××木业公司、郑州市×碱水剂厂、山西省运城市××建材公司、河南省商丘市××木业（密度板厂）等处，清理甲醛废渣共计 67 吨，并将其中的 34 吨出售给被告人董××、吴××，供二人非法提炼甲醛溶液，造成环境严重污染。

5. ××××年 10 月至 2018 年 3 月，被告人董××以非法牟利为目的，在无危险废物经营许可证的情况下，自山×生物科技有限公司清理甲醛废渣 13.55 吨，自被告人王××、史××处分别收购甲醛废渣 40 余吨、34 吨，并出售给被告人杨×A，供其非法提炼甲醛溶液，造成环境严重污染。同时与被告人吴××以合伙的形式(被告人董××负责购买原料甲醛废渣、销售提炼好的甲醛溶液；被告人吴××负责租地建厂、投资设备、生产提炼等)，在无危险废物经营许可证的情况下，以非法牟利为目的，在安徽省×××县周家镇郭程庄村，将收购的被告人史××的 34 吨甲醛废渣中的 16 吨用于提炼甲醛溶液。其间，因被当地环保部门查处，将尚未用于提炼的甲醛废渣 18 吨出售给被告人杨×A，供杨×A 非法提炼甲醛溶液。其中，被告人董××参与出售甲醛废渣 71.55 吨，被告人吴××参与出售甲醛废渣 18 吨。

6. ××××年 7 月至 2018 年 5 月，被告人杜×以非法牟利为目的，在无危险废物经营许可证的情况下，伙同被告人杨×A 在×××泰斗高新材料有限公司清理甲醛废渣 5 余吨、吉林森工通化分公司清理甲醛废渣 90 余吨、吉×有限公司清理甲醛废渣 31 余吨，临沂清立板材公司清理甲醛废渣 119 吨，×××鸿林装饰材料有限公司清理甲醛废渣 5 余吨，共计清理甲醛废渣 155 吨，并将清理的甲醛废渣出售给被告人杨×A 共计 101 吨及出售给临沂市×××区义堂镇后城子村的董×C、董×D（另案处理）等人，供上述人员非法提炼甲醛溶液，造成环境严重污染。

7. ××××年 7 月至 2018 年 3 月，被告人杨×A 以非法牟利为目的，在无危险废物经营许可证的情况下，伙同被告人杜×在新疆奎屯市独山子工业园×碱水剂厂清理甲醛废渣 18 余吨。购买被告人杜×、董××、徐××、徐×等人甲醛废渣共计 210.55 吨，其中购买被告人杜×甲醛废渣 101 吨、被告人董××甲醛废渣 71.55 吨（其中被告人吴××参与出售给杨×A 甲醛废渣 18 吨）、被告人徐××甲醛废渣 31 吨、被告人徐×甲醛废渣 7 吨，并伙同被告人杨×B、赵××、马××先后在费县马庄镇西谷口村、石井镇石井村、石井镇老关岭村利用甲醛废渣（系《国家危险废物名录》中的危险废物）提炼甲醛溶液牟利，造成环境严重境污染。其中，被告人杨×A 非法处置甲醛废渣 228.55 吨、被告人杨×B 参与非法处置甲醛废渣 210.55 吨、被告人赵××参与非法处置甲醛废渣 120 余吨，被告人马××参与非法处置甲醛废渣 80 余吨。

另查明，××××年××月 30 日，被告人杨×A 主动到费县公安局石井派出所投案；同年 7 月 6 日、7 月 27 日被告人赵××、徐×

分别主动到费县公安局食品药品环境犯罪侦查大队（以下简称食药环大队）投案；同年7月10日、9月4日被告人杜×、吴××分别主动到临沂市公安局兰山公安分局义堂派出所投案。

上述事实，有经公诉机关当庭出示、宣读，并经庭审举证、质证的下列证据予以证明：

1. 综合证据。

主要包括如下书证：户籍信息及非党员证明、被告人前科材料、被告人到案及抓获经过、费县环保局出具的证明、甲醛废渣属于危险废物的证据［费县环保局出具的关于废弃甲醛属于危险废物的说明、费县环保局出具的关于危险废物（甲醛废渣）处置的相关规定及流程、鉴定意见及鉴定资质证明］、被告人杨×A加工作坊及储存点污染现场及污染结果的情况证据。

2. 具体犯罪事实。

分述如下：

2018年3月30日，被告人徐××以非法牟利为目的，在无危险废物经营许可证的情况下，在河南省×××县华宇油化有限公司，清理甲醛废渣31吨出售给被告人杨×A，供其非法提炼甲醛溶液，造成环境严重污染。

上述事实，有经公诉机关当庭出示、宣读，并经庭审举证、质证的下列证据予以证明：

（1）书证：费县公安局食药环大队出具的办案说明、李×B商连云提供的山东利鑫源化工有限公司印章，山东利鑫源化工有限公司营业执照复印件，甲醛罐清理协议书复印件及收据，从贺×A手机上提取的接货人与发货人的聊天记录照片，临沂环保局兰山分局临环兰函（2018）18号复函（卷六p.6）、委托证明及支付凭证（卷六p.1、p.2），×××环境保护局出具的证明，河南省环境保护厅网站河南省危险废物经营许可证公示复印件，2018年纳税情况证明，李×A、李×B户籍证明，费县环保局出具的关于废弃甲醛属于危险废物的说明。

（2）证人证言：证人贺×A证言、证人贺×B（货车驾驶员）证言、证人杨×（货车驾驶员）证言、证人古×A（货车驾驶员）证言、证人苗×A（现任××县化宇油化有限公司经理）证言、证人李×A（任××县华宇油化有限公司生产厂长）证言、证人褚×A（任××县华宇油化有限公司法人代表）证言、证人李×B（任山东利鑫源化工有限公司法人代表）证言、证人李×C证言、证人翟×证言。

（3）同案犯的供述和辩解：同案犯杨×A、杨×B、马××的供述。

（4）被告人供述和辩解：被告人徐××的四次供述。

（5）辨认笔录。

××××年6月，被告人徐×以非法牟利为目的，在无危险废物经营许可证的情况下，在广西壮族自治区贵港市东龙镇清理甲醛废渣7吨出售给被告人杨×A，供其非法提炼甲醛溶液，造成环境严重污染。

上述事实，有经公诉机关当庭出示、宣读，并经庭审举证、质证的下列证据予以证明：

（1）×××工业园现场情况照片。

（2）证人证言：证人翟×男、证人徐××证言。

（3）同案犯的供述和辩解：同案犯杨×A的四次供述。

（4）被告人供述和辩解：被告人徐×的三次供述。

（5）辨认笔录。

××××年11月至2018年3月，被告人王××以非法牟利为目的，在无危险废物经营许可证的情况下，在河北廊坊××木业有限公司、文安县××林业公司、天津××造纸厂等处清理甲醛废渣 90 余吨，并将清理的甲醛废渣出售给被告人董××40 余吨及出售给费县钟罗山花园的董×E（另案处理），供其非法提炼甲醛溶液，造成环境严重污染。

××××年 10 月至 2018 年 3 月，被告人史××以非法牟利为目的，在无危险废物经营许可证的情况下，在河南舞阳县××木业有限公司、郑州市×碱水剂厂、山西省运城市××建材有限公司、河南省商丘市××木业（密度板厂）等处，清理甲醛废渣共计 67 吨，并将其中的 34 吨出售给被告人董××、吴××，供二人非法提炼甲醛溶液，造成环境严重污染。

××××年 10 月至 2018 年 3 月，被告人董××以非法牟利为目的，在无危险废物经营许可证的情况下，自山×生物科技有限公司清理甲醛废渣 13.55 吨，自被告人王××、史××处分别收购甲醛废渣 40 余吨、34 吨，并出售给被告人杨×B，供其非法提炼甲醛溶液，造成环境严重污染。并与被告人吴××以合伙的形式（被告人董××负责购买原料甲醛废渣、销售提炼好的甲醛溶液；被告人吴××负责租地建厂、投资设备、生产提炼等），在无危险废物经营许可证的情况下，以非法牟利为目的，在安徽省×××县周家镇郭程庄村，将收购的被告人史××的 34 吨甲醛废渣中的 16 吨用于提炼甲醛溶液。其间，因被当地环保部门查处，将尚未用于提炼的甲醛废渣 18 吨出售给被告人杨×B，供杨×B 非法提炼甲醛溶液。其中，被告人董××参与出售甲醛废渣 71.55 吨，被告人吴××参与出售甲醛废渣 18 吨。

上述事实，有经公诉机关当庭出示、宣读，并经庭审举证、质证的下列证据予以证明：

（1）书证：扣押决定书、扣押清单、发还清单各一份；提取的董×××与王姓男子、杨×A 的聊天、交易记录；山×生物科技有限公司（以下简称山×公司）付款审批表、证明、业务回单；山×公司营业执照、甲醛罐清理合同协议、日照银行汇款清单、安全生产管理协议书；山西××建材有限公司营业执照复印件、环境影响报告书；山西省运城市环境保护局批复、排放污染物许可证、检测报告、资质认定计量认证书；关于调取证据通知书有关情况的复函；河南省柘城市宁×有限公司现场图、日照银行汇款清单 1 张、河南省郑州市×碱水剂厂指认现场图；×××金鑫清理服务部营业执照；×××郭程庄小化工检查情况的说明。

（2）证人证言：证人盛×（山×公司财务人员）、姜×（山×公司采购人员）、张×A（山×公司原法人代表）、李×D（山×公司副总经理）、翟×（费县×××镇马厂村村民）、颜×（费县××镇丁旺村村民）、潘×（现任××集团采购部经理）、王×A（现任文安县××甲醛有限公司总经理）、吴×（曾在文安县××集团木业公司工作）、李×E（山西××建材有限公司生产厂长）、冯×A、李×F（河南省柘城市宁×有限公司生产部经理）、魏×B（河南省×××县宁×有限公司制胶车间主任）、郭×A（河南舞阳县××木业有限公司合伙人）、刘×B（河南舞阳县××木业有限公司制胶工人）、赵×A（临沂廷翔胶厂法定代表人）、蒋×男的证言。

（3）同案犯的供述和辩解：同案犯杨×A、董××的供述和辩解。

（4）被告人的供述和辩解：被告人王××、史××、董××、吴××的供述和辩解。

（5）勘验、检查笔录。

（6）辨认笔录六份。

××××年 7 月至 2018 年 5 月，被告人杜×以非法牟利为目的，在无危险废物经营许可证的情况下，伙同被告人杨×A 非法处置×××泰斗高新材料有限公司甲醛废渣 5 余吨、吉林森工通化分公司甲醛废渣 90 余吨、吉×有限公司甲醛废渣 31 余吨、临沂清立板材有限公司×××鸿林装饰材料有限公司甲醛废渣 5 余吨，共计清理甲醛废渣 155 吨，并将清理的甲醛废渣出售给被告人杨×A 共计 101 余吨及出售给临沂市×××区义堂镇后城子村的董×C、董×D（另案处理）等人，供上述人员非法提炼甲醛溶液，造成环境严重污染。

上述事实，有经公诉机关当庭出示、宣读，并经庭审举证、质证的下列证据予以证明：

（1）书证：扣押决定书、扣押清单、清罐协议、杜×身份证复印件、记账凭证复印件，危险化学品经营许可证、排放污染物临时许可证、安全生产许可证、安全评价报告、通化市环境保护局审批意见等材料，刘×C、王×C 户籍信息，设备买卖协议，杜×提供×××洋口镇清理甲醛罐现场情况，×××泰斗高新材料有限公司现场照片，支付凭证 1 份、兴业银行网上转账受理单复印件。

（2）证人证言：证人刘×C（现任吉林省森工通化分公司党委副书记、纪委书记）、王×C（任吉林森工通化分公司物业部部长）、吕×（任吉×有限公司法人代表）、林×A、赵×B（现任山东甄城县泰斗高新材料有限公司财务主管）、叶×（现任福×省沙县鸿林装饰材料有限公司副总）、高×A、翟×、陈×A 的证言。

（3）同案犯的供述和辩解：同案犯杨×A、马××、董××的供述和辩解。

（4）被告人供述和辩解：被告人杜×的供述和辩解。

（5）辨认笔录。

××××年7月至2018年3月，被告人杨×A以非法牟利为目的，在无危险废物经营许可证的情况下，伙同被告人杜×在新疆奎屯市独山子工业园×碱水剂厂清理甲醛废渣18余吨。购买被告人杜×、董××、徐××、徐×等人甲醛废渣共计210.55吨，其中购买被告人杜×甲醛废渣101吨、被告人董××甲醛废渣71.55吨（其中被告人吴××参与出售给杨×A甲醛废渣18吨）、被告人徐××甲醛废渣31吨、被告人徐×甲醛废渣7吨，并伙同被告人杨×B、赵××、马××先后在费县马庄镇西谷口村、石井镇石井村、石井镇老关岭村利用甲醛废渣（系《国家危险废物名录》中的危险废物）提炼甲醛溶液牟利，造成环境严重污染。其中，被告人杨×A非法处置甲醛废渣228.55吨、被告人杨×B参与非法处置甲醛废渣210.55吨、被告人赵××参与非法处置甲醛废渣120余吨，被告人马××参与非法处置甲醛废渣80余吨。

上述事实，有经公诉机关当庭出示、宣读，并经庭审举证、质证的下列证据予以证明：

（1）书证：费县公安局行政处罚决定书、杨×B与杨×A微信聊天记录及杨×A家庭群聊天记录、协议书。

（2）证人证言：证人张×C、张×B、王×D、王×E、董×A、李×H、刘×D、李×I、苗×B的证言。

（3）同案犯的供述和辩解：同案犯董××、杜×、徐××、徐×的供述和辩解。

（4）被告人的供述和辩解：被告人杨×A的9次供述和辩解、杨×B的4次供述和辩解、马××的5次供述和辩解、赵××的3次供述和辩解。

四、判案理由

针对控辩双方争议的焦点，法院评判及认定意见如下：

1. 关于被告人杨×B 提出“其就是打工看厂子，干了没有那么多”及辩护人提出“起诉书指控被告人参与非法处置甲醛废渣 210.55 吨，事实不清、证据不足”及被告人马××、赵××的辩护人分别提出“被告人马××、赵××参与处置的数量没有那么多”的辩解及辩护意见，经查，被告人杨×A 与杨×B 的微信记录、被告人杨×A 家庭群聊天记录及被告人杨×A、杨×B、赵××、马××的供述及同案犯董××、杜×、徐××、徐×的供述相互印证，证实被告人杨×A 涉案的甲醛溶液提炼点有 3 个，即费县×××镇西谷口、石井镇董×A 处、石井村老关岭村炮台。上述三个提炼点中的甲醛废渣的来源分别为被告人杨×A 购买的被告人杜×、董××、徐××、徐×向其出售的甲醛废渣，共计 210.55 吨。被告人杨×B 作为被告人杨×A 的同胞哥哥，在上述三个提炼点中均负责接料（甲醛废渣）、看管物品（即看厂子）、与前来购买甲醛水的人员对接，然后将数量报给杨×A、提炼甲醛溶液、记账、开叉车、过秤等工作，其除未参与被告人杨×A 与被告人杜×在新疆奎屯市独子山清理甲醛废渣 18 吨外，参与了被告人杨×A 在上述三个提炼点中所有提炼甲醛溶液的活动，其处置的甲醛废渣数额应当与被告人杨×A 犯罪数额一致，即 210.55 吨；被告人赵××在×××镇西谷口村参与非法处置甲醛废渣 120 余吨；被告人马××在石井镇石井村老关岭村参与非法处置甲醛废渣 80 余吨。故，上述被告人及其辩护人的辩解及辩护意见不能成立，法院不予采信。

2. 关于被告人杜×提出“其没有向杨×A 出售甲醛废渣 90 余吨，只是介绍杨×A 到吉林森工通化分公司清理，是杨×A 自己清理，运输也是他们自己，工人工资及运输费用其不知道”，及辩护人提出“起诉书认定被告人杜×将吉林森工通化分公司的甲醛废渣出售给杨×A 的事实不能成立”的辩解及辩护意见，经查，清罐协议证实：××××年 12 月 9 日，被告人杜×与吉林森工通化分公司以估堆的方式签订清罐协议，协议约定在 25 天内由被告人杜×对其公司所有储罐等清理完毕，被告人杜×支付费用 1 万元。证人王×C 证言证实：公司原来要 2 万元费用，杜×说需要雇用工人、租车费用很高，最后约定支付我们公司 1 万元。同案犯杨×A 对吉林绥化市清理甲醛罐有三次供述，分别是：从新疆清完后就到了吉林绥化市清理甲醛罐，待了有半个月左右，没找到甲醛罐，就回来了，后杜×清了 90 多吨，全部运回来了；吉林绥化市来了 3 车甲醛废渣，是杜×B 联系的，是在一家工厂清理出来的；从吉林绥化市购进了三车甲醛废渣 90 多吨，是杜×B 向我提供的，支付杜×B 货款 3 万元。上述清罐协议等书证、证人证言、同案犯及被告人供述相互印证一致，能够证实。到吉林森工通化分公司清理甲醛废渣是由被告人杜×通过吉林森工通化分公司物业部部长王×C 联系，并由其与吉林森工通化分公司签订清罐协议、支付清罐费用 1 万元，虽然被告人杜×对到吉林森工通化分公司清理甲醛废渣的事实不予认可，但其在庭审中对被告人杨×B 当庭提出的“支付杜×吉林的货款 3 万元”当庭表示无异议，因此，上述证据形成了一个完整的证据体系，可以证实：被告人杨×B 向被告人杜×支付了 3 万元货款，购买了杜×在吉林森工通化分公司清理的甲醛废渣 90 余吨，故被告人杨×A 及其辩护人的上述辩解及辩护意见不能成立，法院不予采信。

3. 关于被告人王××的辩护人提出“不应将王××介绍董××到山×公司清理甲醛废渣 13.55 吨认定为犯罪数额”的辩护意见，

经查，山×公司与被告人董××签订的清理协议证实：董××将清理出的固废带走，山×公司向其支付清理费用 7500 元。山×公司付款审批表证实：山×公司将清理费用 7500 元，打到被告人董××中国农业银行义堂支行账户上。证人姜×证言证实：其到山×公司干的第一个业务就联系清理甲醛罐，找的是一个费县嘉晟胶黏剂有限公司一个叫董××的。当初其在网页上输入了“甲醛罐清理”就出现了小广告，看到了一个“专业清理甲醛罐”的小广告，小广告上有手机号，就加了这个人微信。这个人说他是河北的，太远，来不了，就给其推荐了一个山东的人。然后公司的主管万×让其联系董××并和董××签订了《甲醛罐清理合同协议》，过秤时其看了一眼是 13. 55 吨。公司财务人员通过农业银行给董××打款 7500 元。证人翟×证言证实：董××开车拉着我们一起去的德州，在一家企业清了 20 余吨甲醛渣子，后来董××自己找车拉走了。证人颜×证言证实：××××年 9 月 30 日，费县嘉晟胶粘剂有限公司与山×公司签订的协议，是董××和山×公司签订的。被告人王××供述证实：××××年 10 月，其介绍董××到山×公司清理过甲醛废渣，其向公司要了 2000 元的清理费，并给董××要了 800 元，董××清理了多少吨其不知道。被告人董××的供述证实：××××年 10 月左右，王××给我提供信息，给我介绍了山×公司的业务员姜×，说是他们公司需要清理甲醛罐，姜×还给了我 2000 元的好处费，我与姓王的每人分了 1000 元。我就联系了姜×，联系好后先自己去看了甲醛废渣的情况，确定下来货能用，就找了费县梁×、翟×，我找了 3 个工人，我开着我的轿车拉着他们到了山×公司，在那里共清理了 5 天，清理了 20 吨左右的甲醛废渣。上述协议、付款审批表、证人证言及被告人供述相互印证，形成了一个完整的证据体系，证实到山×公司清理甲醛废渣 13. 55 吨，被告人王××

与被告人董××事先并未有预谋，亦未有意思联络，即主观上，二被告人并没有共同到山×公司清理甲醛废渣的犯罪故意；客观上，被告人董××到山×公司清理甲醛废渣的犯罪过程中，被告人王××从未有和被告人董××相互配合、相互协调、相互补充一起共同清理的行为，因此，到山×公司清理甲醛废渣 13.55 吨的犯罪事实，被告人王××与被告人董××构成共同犯罪不能成立，故，不应将被告人王××介绍被告人董××到山×公司清理甲醛废渣 13.55 吨认定为其犯罪数额，即被告人王××的犯罪数额，应认定为清理甲醛废渣 90 吨。辩护人上述辩护意见成立，法院予以采信。

4. 关于被告人吴××提出“没有参与出售甲醛废渣 18 吨给杨×A”及辩护人提出“被告人董××处置 18 吨甲醛废渣时事先并未与吴××有联系和沟通，在处置前，两人的合伙关系已终结，因此，起诉书不宜认定被告人吴××参与出售甲醛废渣 18 吨”的辩解及辩护意见，经查，被告人董××供述证实：2018 年春节前，因我们这边环保抓得紧，就想着到外地去干，正好兰山区×××镇吴家屯村的福海（大名吴×章）想一起提炼甲醛。他说他在安徽省宿州有地方，但没有路子，我说我有路子但没地方，就这样我们两个人就达成了合伙利用甲醛废渣提炼甲醛溶液的协议，由他找场地、购买设备，我投资购买甲醛废渣等。然后福海就在安徽省宿州北周寨镇边上找了一个偏僻的村果园厂，我就联系史××购买了两次甲醛废渣，共计 40 吨左右，提炼了约 60 吨甲醛溶液。干了有一个星期左右就被人举报了，当时是福海在现场处理的，剩下 18 余吨废渣就卖给了杨×A。被告人吴××的供述证实：我与董××合伙期间的分工是：董××负责购买原料甲醛废渣、销售提炼好的甲醛溶液；我负责租场地、投资设备、生产提炼等。商量完后我通过朋友在安徽省××县周家镇郭程庄村联系到一片地方（是一处桃园）。承包了三亩地，进行了土地平整。后在义堂先后出资 5 万余元后买了一个提炼甲醛的反应釜、二手叉车、旧锅炉、旧储存罐，找车把这些设备运到砀山县我承包的那个地方，并将设备安装完毕。过了有半个月的时间，董××说是来货了，让我去提炼甲醛溶液。我共接到两车甲醛废渣，大约 40 吨。我按照董××教给我的方法提炼三罐，大约 60 吨。董××分三次找车拉走了。干了大约一个星期的时间，就被当地人给举报了，董××联系车辆把还没提炼的甲醛废渣还有其他原料拉走了，我在安徽负责把设备拆除。被告人史××的供述证实：2018 年 2 月，山西省运城市临猗县一家碱水剂厂，共清了 25 余吨。这 25 余吨甲醛废渣我通过福海联系，当时他和董××合伙利用甲醛废渣提炼甲醛水溶液，董××支付费用给我。货发到安徽省砀山县周边的一个地方，当时装好货后是福海直接与车老板联系的。从山西省运城市回来直接到了河南省商丘市的宁×密度板厂，清了 9 吨左右的甲醛废渣。这 9 吨甲醛废渣同样卖给董××，货也是发到安徽省砀山县周边的一个地方，当时装好货后是福海直接与车老板联系的。我两次倒卖给董××的甲醛废渣共计 34 吨左右。上述被告人供述相互印证一致，证实被告人董××与被告人吴××在安徽砀山县周寨镇提炼甲醛溶液系合伙关系，二被告人分工明确，且在合伙期间，二被告人各自按照分工，完成分内工作。二被告人终止在安徽砀山县周寨镇提炼甲醛溶液的行为，并非系辩护人所称的二被告人合伙关系已终结，而是因群众举报，被环保部门查处不得已拆除、处置了设备，并将剩余未提炼的 18 吨甲醛废渣出售给杨×A。虽然被告人吴××在侦查机关供述“后来与董××口头商议给其打工，让其将投入的钱还给其并每年给其开 10 万元”，但对上述辩解，被告人吴××并未提供相关证据予以证实，且被告人董××在侦查阶段及庭审中亦从未供述和认可过吴××所辩称的给其打工并每年给吴××开10万元工钱的事实，故，被告人吴××及辩护人所提出的上述辩解及辩护意见，与庭审查明的事实及在案证明不符，法院不予采信。

法院认为，被告人杨×A、杨×B、赵××、杜×违反国家规定，处置有毒物质，严重污染环境，后果特别严重；被告人马××、王××、董××、史××、徐××、吴××、徐×违反国家规定，处置有毒物质，严重污染环境，其行为均已构成污染环境罪，均应当依法以污染环境罪追究其刑事责任。费县人民检察院指控的犯罪事实及罪名成立，法院予以确认。《刑法》第338条规定，违反国家规定，排放、倾倒或者处置有放射性的废物、含传染性病原体的废物、有毒物质或者其他有毒物质，严重污染环境的，处三年以下有期徒刑或者拘役，并处或者单处罚金；后果特别严重的，处三年以上七年以下有期徒刑，并处罚金。

2016年《最高人民法院、最高人民检察院关于办理环境污染刑事案件适用法律若干问题的解释》第1条规定，实施《刑法》第338条规定的行为，具有下列情形之一的，应当认定为“严重污染环境”：非法排放、倾倒、处置危险废物三吨以上的。第3条规定，实施《刑法》第338条、第339条规定的行为，具有下列情形之一的，应当认定为“后果特别严重”：非法排放、倾倒、处置危险废物一百吨以上的；致使公私财产损失一百万元以上的。第6条规定，无危险废物经营许可证从事收集、贮存、利用、处置危险废物经营活动，严重污染环境的，按照污染环境罪定罪处罚；同时构成非法经营罪的，依照处罚较重的规定定罪处罚。第15条规定，下列物质应当认定为《刑法》第338条规定的“有毒物质”：危险废物，是指列入国家危险废物名录，或者根据国家规定的危险废物鉴别标准和鉴别方法认定的，具有危险特性的废物。第 16 条规定，无危险废物经营许可证，以营利为目的，从危险废物中提取物质作为原材料或者燃料，并具有超标排放污染物、非法倾倒污染物或者其他违法造成环境污染的情形的行为，应当认定为“非法处置危险废物”。第 17 条规定，本解释所称“公私财产损失”，包括实施《刑法》第 338 条、第 339 条规定的行为直接造成财产损毁、减少的实际价值，为防止污染扩大、消除污染而采取必要合理措施所产生的费用，以及处置突发环境事件的应急监测费用。本解释所称“无危险废物经营许可证”，是指未取得危险废物经营许可证，或者超出危险废物经营许可证的经营范围。

甲醛溶液俗称福尔马林，根据《危险化学品目录（2015 版）》规定，甲醛属于危险化学品。根据环境保护部、发改委、公安部联合发布的《国家危险废物名录（2016 版）》第 4 条的规定，列入《危险化学品目录》的化学品废弃后属于危险废物，废弃的甲醛属于危险废物。2017 年 10 月 27 日，世界卫生组织国际癌症研究机构公布的致癌物清单中，甲醛属于一类致癌物。具体到本案，被告人杨×A 以营利为目的，在无危险废物经营许可证的情况下，清理甲醛废渣 18 吨、收购甲醛废渣 210.55 吨，并伙同被告人杨×B、赵××、马××将收购的甲醛废渣 210.55 吨作为从中提取甲醛溶液的原材料，共计非法处置甲醛废渣 228.55 吨，并超标排放污染物，造成甲醛溶液提炼点、甲醛废渣存储点周边空气及土壤等环境严重污染，应当认定为非法处置危险废物，依法构成污染环境罪，应处三年以上七年以下有期徒刑，并处罚金。

被告人杨×A、杨×B、赵××、马××在共同犯罪中，相互之间有共同的联系和沟通，形成了不同分工，相互合作，共同实施以甲醛废渣为原材料提炼甲醛溶液牟利的故意，系共同犯罪。在共同犯罪中，被告人杨×A 系主犯；被告人杨×B 负责接料、看厂子、过秤、参与熬制甲醛溶液、记录出货量、开叉车等工作，全程参与被告人杨×A 三个提炼点的犯罪行为，其犯罪数额应认定为 210.55 吨，应处三年以上七年以下有期徒刑，并处罚金。被告人杨×B 在共同犯罪中起次要、辅助作用，系从犯，依法应当减轻处罚。被告人赵××根据被告人杨×A 的安排，联系提炼地点，参与费县马××峪口村提炼点熬制甲醛废渣，非法提炼甲醛溶液，其非法处置甲醛废渣共计 120 余吨，应处三年以上七年以下有期徒刑，并处罚金。被告人赵××在共同犯罪中起次要、辅助作用，系从犯，依法应当减轻处罚。被告人马××受被告人杨×A 雇用，参与石井镇石井村董×A 废弃养鸡场、石井镇老关岭村北提炼点熬制甲醛废渣，非法提炼甲醛溶液，并掌握提炼甲醛溶液方法，指挥被告人杨×B 向反应釜投放提炼甲醛溶液各种原料，并给被告人杨×A 联系、介绍甲醛废渣来源，帮助搬卸甲醛废渣，其参与非法处置甲醛废渣共计 80 余吨，应处三年以下有期徒刑或者拘役，并处罚金。被告人马××系被告人杨×A 雇用，在共同犯罪中起次要、辅助作用，系从犯，依法应当从轻处罚。被告人杜×非法处置甲醛废渣 155 吨，应处三年以上七年以下有期徒刑，并处罚金。被告人王××非法处置甲醛废渣 90 余吨、被告人董××非法处置甲醛废渣 87.55 吨、被告人吴××非法处置甲醛废渣 34 吨、被告人徐××非法处置甲醛废渣 31 吨，被告人徐×非法处置甲醛废渣 7 吨，严重污染环境，均应处三年以下有期徒刑或者拘役，并处罚金。案发后，被告人杨×A、赵××、杜×、吴××、徐×主动到公安机关投案，到案后如实供述自己的犯罪事实，庭审中认罪、悔罪，均依法构成自首，可予从轻或者减轻处罚。鉴于被告人杜×在本案中只是向被告人杨×A 出售甲醛废渣，并未参与杨×A 提炼甲醛溶液的犯罪行为，被告人赵××只参与了被告人杨×A 三个提炼点其中一个提炼点的非法处置甲醛废渣的犯罪行为，并均构成自首，决定对被告人杜×、赵××减轻处罚。被告人杨×B、马××、王××、董××、史××、徐××归案后如实供述自己的罪行，庭审中认罪、悔罪，依法构成坦白，可予从轻处罚。各被告人对其行为性质的辩解不影响其如实供述的认定。各辩护人提出的被告人具有认罪、真诚悔罪，请求从轻处罚的辩护意见，法院予以采纳。其他辩护意见，与法院查明的事实不符，法院不予采纳。被告人杨×A、杨×B、杜×、赵××、王××、董××、史××、吴××、徐×在侦查阶段及审理过程中均积极缴纳危险废物处置费用，可酌情从轻处罚。被告人杜×、赵××有故意犯罪前科，酌情从重处罚。《行政处罚法》第 28 条规定，违法行为构成犯罪，人民法院判处拘役或者有期徒刑时，行政机关已经给予当事人行政拘留的，应当依法折抵相应刑期。本案中，被告人杨×A 因非法运输、处置危险物质于 2018 年 3 月 31 日被公安机关处以行政拘留 15 日，被告人杨×B 因污染环境于 2018 年 3 月 30 日被公安机关行政拘留 15 日，上述行政处罚均已全部执行完毕，应当予以折抵刑期。

生态文明建设是关系人民福祉、关系民族未来的大计。我们既要绿水青山，也要金山银山。宁要绿水青山，不要金山银山，而且绿水青山就是金山银山。生态环境没有替代品，用之不觉，失之难存。我们要像保护眼睛一样保护生态环境，像对待生命一样对待生态环境。被告人杨×A、杨×B、赵××、马××、杜×、王××、董××、史××、徐××、吴××、徐×非法处置含有有毒物质的危险废物的行为，不仅触犯了《刑法》第 338 条之规定，构成污染环境罪，同时也对周边群众的生产、生活造成侵害，损害社会公共利益，在依法追究其刑事责任的同时，上述 11 名被告人亦应依法承担相应的民事侵权责任。费县人民检察院在提起公诉时一并提起附带民事公益诉讼，事实清楚，证据确实、充分，具有法律依据。附带民事公益诉讼起诉人的诉讼请求，应予支持。被告人杨×A、杨×B、赵××、马××、杜×、王××、董××、史××、徐××、吴××、徐×应当承担环境损害费用包括财产损害费用、应急处置费用以及生态环境损害费用。具体为：（1）财产损害费用，即甲醛熏死苗木青苗补偿费 0.25 万元；（2）应急处置费用主要为污染清理费用，计 156.2013 万元；（3）生态环境损害费用主要为受污染土壤的处置、修复费用以及未修复到基线水平的损害费用，计 12.95 万元，以上环境损害费用合计 169.4013 万元，鉴定费 36.5613 万元，共计 205.9626 万元。

综上，法院根据被告人的犯罪事实、犯罪性质、情节和对社会的危害程度及在共同犯罪中的作用并综合考虑全案各被告人缴纳罚金及缴纳危险废物应急处置费用等全案情况确定宣告刑。

五、定案结论

依照《刑法》第 338 条、第 36 条、第 25 条、第 26 条、第 27 条、第 61 条、第 62 条、第 67 条第 1 款和第 3 款、第 52 条、第 64 条，《侵权责任法》第 8 条、第 11 条、第 65 条，《环境保护法》第 64 条，《固体废物污染环境防治法》第 55 条，《行政处罚法》第 28 条，《最高人民法院、最高人民检察院关于办理环境污染刑事案件适用法律若干问题的解释》第 1 条第（二）项、第 3 条第（二）项和第（五）项、第 6 条、第 7 条、第 15 条、第 16 条、第 17 条，《最高人民法院、最高人民检察院关于检察公益诉讼案件适用法律若干问题的解释》第20条，《最高人民法院关于审理环境侵权责任纠纷案件适用法律若干问题的解释》第1条，《最高人民法院关于审理环境民事公益诉讼案件适用法律若干问题的解释》第15条、第18条、第19条、第20条、第22条，《刑事诉讼法》第101条、《民事诉讼法》第55条第2款之规定，判决如下：

1. 被告人杨×A犯污染环境罪，判处有期徒刑四年，并处罚金人民币十二万元（未缴纳）。

2. 被告人杨×B犯污染环境罪，判处有期徒刑二年六个月，并处罚金人民币十一万元（未缴纳）。

3. 被告人杜×犯污染环境罪，判处有期徒刑二年六个月，并处罚金人民币十万元（未缴纳）。

4. 被告人王××犯污染环境罪，判处有期徒刑二年三个月，并处罚金人民币八万元（未缴纳）。

5. 被告人赵××犯污染环境罪，判处有期徒刑一年八个月，并处罚金人民币九万元（未缴纳）。

6. 被告人董××犯污染环境罪，判处有期徒刑一年五个月，并处罚金人民币七万元（已预缴）。

7. 被告人马××犯污染环境罪，判处有期徒刑一年三个月，并处罚金人民币六万元（未缴纳）。

8. 被告人史××犯污染环境罪，判处有期徒刑一年三个月，并处罚金人民币三万元（已预缴）。

9. 被告人徐××犯污染环境罪，判处有期徒刑十一个月，并处罚金人民币三万元（已预缴）。

10. 被告人吴××犯污染环境罪，判处有期徒刑七个月，并处罚金人民币三万元（已预缴）。

11. 被告人徐×犯污染环境罪，判处拘役四个月，并处罚金人民币一万元（已预缴）。

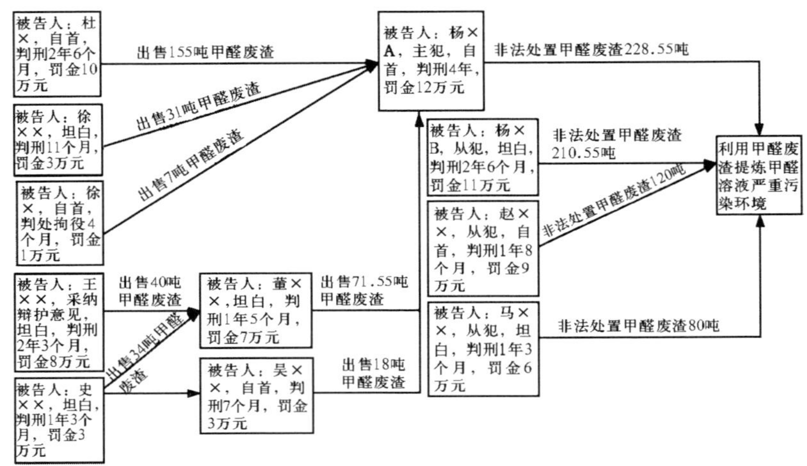

图13 判决思维导图

六、侦查重点和法理评析

（一）侦查重点

1. 污染环境案件中的鉴定和危险废物鉴别，是非常重要且必要的。鉴定在该类案件中专指司法鉴定，根据《司法鉴定程序通则》第2条的规定："司法鉴定是指在诉讼活动中鉴定人运用科学技术或者专门知识对诉讼涉及的专门性问题进行鉴别和判断并提供鉴定意见的活动。"由司法鉴定机构进行，得出的意见称为司法鉴定意见，经过依法质证、审查，可以作为刑事诉讼证据使用。危险废物鉴别，由专门行政机关实施，得出的结论称为危险废物鉴别报告，不可以直接作为刑事诉讼证据使用。所以，这是两个性质完全不同的行为，在实践中一定要注意区分。同时，对于需要送检的检材，要注意提取、保留充足的数量。实践中，曾出现需要重新鉴定或者补充鉴定时，发现没有作为鉴定使用的检材了，给诉讼造成被动和困难。

2. 污染环境案件鉴定的相关问题和鉴定费的承担问题。检材的提取应当有见证人在场，要留存备份。任何刑事案件都难免涉及对专门的问题进行鉴定。作为专业性、技术性要求非常高的污染环境案件更不例外，每例案件往往都要对污染物的种类、损害以及相关费用进行鉴定，甚至首次鉴定后又需要补充鉴定。这一系列的鉴定，鉴定费究竟应当由谁承担？尤其是污染环境罪的鉴定费动辄几百万元之巨。《刑事诉讼法》没有明确规定鉴定费的承担主体。公安机关办理刑事案件所遵循的《公安机关办理刑事案件程序规定》也没有明确鉴定费应当由谁承担。《人民检察院刑事诉讼规则》关于鉴定费的规定只有一条，即第 221 条规定："……犯罪嫌疑人、被害人或者被害人的法定代理人、近亲属、诉讼代理人提出申请，可以补充鉴定或者重新鉴定，鉴定费用由请求方承担，但原鉴定违反法定程序的，由人民检察院承担……"于是，在实践中，对于鉴定费的承担，出现了较为混乱的情形。《最高人民法院关于审理环境民事公益诉讼案件适用法律若干问题的解释》第 22 条规定："原告请求被告承担检验、鉴定费用，合理的律师费以及为诉讼支出的其他合理费用的，人民法院可以依法予以支持。"由此可以看出：鉴定费应当由被告承担。

（二）法理评析

1. 本案的涉案物品甲醛，其溶液俗称福尔马林，属于危险废物。根据 2016 年最高人民法院、最高人民检察院《关于办理环境污染刑事案件适用法律若干问题的解释》第6条之规定："无危险废物经营许可证从事收集、贮存、利用、处置危险废物经营活动，严重污染环境的，按照污染环境罪定罪处罚；同时构成非法经营罪的，依照处罚较重的规定定罪处罚。……"本案中，被告人杨×A以营利为目的，在无危险废物经营许可证的情况下，清理甲醛废渣、收购甲醛废渣，并超标排放污染物，造成甲醛溶液提炼点、甲醛废渣存储点周边空气及土壤等环境严重污染，应当认定为构成污染环境罪。

2. 在办理环境污染犯罪案件时，对于案件所涉的环境污染专门性问题，往往难以确定。此时有两种解决方式：一是依据司法鉴定机构出具的鉴定意见；二是依据国务院环境保护主管部门、公安部门指定的机构出具的报告，结合其他证据作出认定。在实践中，出现了环境损害司法鉴定机构不专业、缺乏环境损害司法鉴定相关技术规范和鉴定程序规范、环境损害司法鉴定收费标准不统一等问题。虽然司法部在2017年制定了《关于严格准入严格监管 提高司法鉴定质量和公信力的意见》（司发〔2017〕11号），但是仍然不能适应当前打击环境污染犯罪斗争的需要。为此，最高人民法院、最高人民检察院、公安部、司法部、生态环境部印发了《关于办理环境污染刑事案件有关问题座谈会纪要》。该纪要第14条除了对环境损害司法鉴定机构的监管作出了规定以外，着重明确了需要鉴定、一般不需要鉴定和特殊情况下不需要鉴定的三种情形：（1）需要鉴定的情形是：涉及案件定罪量刑的核心或者关键专门性问题，如财产损失数额、超过排放标准倍数、污染物性质判断等。被告人的罪与非罪、重罪与轻罪，涉及被告人重要的人身权利及其他权利，必须慎之又慎。所以，对此类问题，需要进行鉴定。（2）一般不需要鉴定的情形是：案件的其他非核心或者非关键专门性问题，或者可鉴定也可不鉴定的专门性问题，如适用2016年“两高”《关于办理环境污染刑事案件适用法律若干问题的解释》第1条第（2）项：“非法排放、倾倒、处置危险废物三吨以上”的规定对当事人追究刑事责任的，则不应再对公私财产损失数额或者超过排放标准倍数进行鉴定。对于这一点，笔者多次提出：能够按照处置排放倾倒危险废物的吨数来追究被告人刑事责任的，就不应再进行公私财产损失数额鉴定，因为这个鉴定要求的适用条件比较高，甚至要求仅仅在突发环境事件当中产生的公私财产损失才进行鉴定。当然，假如由于公私财产损失数额或者超过排放标准倍数，需要对被告人进行加重处罚，那么仍需对公私财产损失数额或超过排放标准倍数进行鉴定。（3）特殊情况下不需要鉴定：包括涉及案件定罪量刑的核心或关键专门性问题难以鉴定和鉴定费用明显过高两种情形，此时司法机关可以结合案件其他证据并参考生态环境部门意见及专家意见等，作出综合认定。

3. 对比公诉机关指控各被告人主要犯罪事实、各被告人及其辩护人的辩护意见和人民法院认定犯罪事实和判决情况三张思维导图可以清晰看出：本案被告人王××的辩护人提出“不应将王××介绍董××到山×公司清理甲醛废渣13.55吨认定为犯罪数额”的辩护意见，是选择了一个比较好的切入点，辩护意见被人民法院采纳，取得了非常好的辩护效果。本案中，山×公司与被告人董××签订的清理协议，山×公司付款审批表，证人姜×、证人翟×、证人颜×和被告人王××供述相互印证，形成了一个完整的证据体系，证实董××到山×公司清理甲醛废渣13.55吨，被告人王××与被告人董××事先并未有预谋，亦未有意思联络，即主观上二被告人并没有共同到山×公司清理甲醛废渣的犯罪故意；客观上，被告人董××到山×公司清理甲醛废渣的犯罪过程中，被告人王××从未有和被告人董××相互配合、相互协调、相互补充共同清理的行为。认定共同犯罪的主观标准：一是各共犯人均有共同的犯罪故意；二是各共犯人主观上均具有意思联络。客观标准，也称行为标准，即犯罪行为，“共同行为”不仅指各个共同犯罪人都实施了同一犯罪构成的行为，而且各共犯人在共同故意支配下相互配合、相互协调、相互补充，形成一个犯罪行为的整体，其中每一个行为人的行为，都是该犯罪整体行为的组成部分，如果造成危害结果，每个行为人的行为与该危害结果之间都具有刑法上的因果关系。具体到本案，山×公司清理甲醛废渣 13.55 吨的犯罪事实，不应计入被告人王××的犯罪数额，王××参与处置的实际吨数仍然是 90 吨，没有超过 100 吨，法定刑期应在三年以下。从而辩护成功，法院最终判决被告人王××的刑期为两年三个月。

案例5：刘××污染环境（致人死亡）案

——污染环境罪与投放危险物质罪的区别

一、被告人基本情况

本案有被告人刘××1名自然人被告人（案例中提到的其他人员另案处理）。

二、控辩意见

（一）公诉机关指控意见

河北×××××检察院指控，2015年3月至5月17日，被告人刘××受雇于钮×春从事废碱液运输押运，在此期间伙同司机刘×A驾驶牌照为冀J×××××的危险品运输罐车从北京燕山石化多次运输800余吨废碱液至蠡县东环忠义停车场，经私挖管道偷排至蠡县东环路地下排水管网。

2015年5月18日上午11时许，张×A、张×B、冯××经娄×联系，驾驶张×A的罐车从高××处运出30余吨废盐酸，经王×、段×接应运至蠡县东环忠义停车场，并通过刘×B偷设的暗道进行排放。下午1时许，停车场及周边下水道大量废水外溢，并产生大量硫化氢气体，停车场西侧××大饼驴肉店老板李×A被熏倒，李×A 于 2015 年 5 月 19 日经抢救无效死亡，经法医尸体检验鉴定，李×A 符合硫化氢中毒死亡。公诉机关提交了相应的证据，要求依照《刑法》第 338 条之规定，以污染环境罪追究被告人的刑事责任。同时公诉机关称被告人认罪态度较好，请求法庭依法判决。

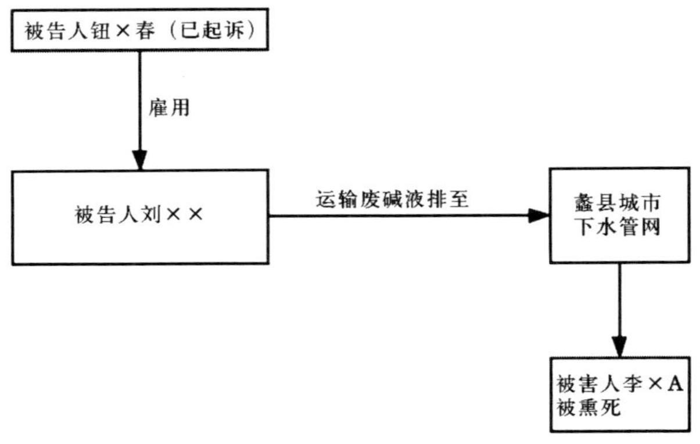

图 14　公诉思维导图

（二）被告人陈述和辩护人的辩护意见

被告人刘××及其辩护人对公诉机关指控罪名无异议，辩护人辩称被告人如实供述自己的罪行，认罪态度好，系初犯、主观恶性不深，被告人年轻不懂法，没考虑到自己的行为会造成严重后果，案发后其亲属主动赔偿被害人家属经济损失，得到谅解，请求法庭对其从轻处罚。

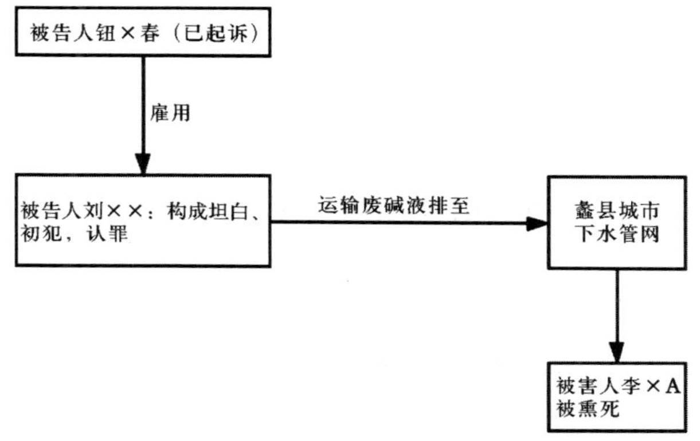

图 15 辩护思维导图

三、人民法院认定的事实和证据

经审理查明，2015 年 2 月，董××以其开办的黄骅市津东化工有限公司的名义与北京燕山石化公司签订了废碱液处置协议，约定燕山石化公司将废碱液交由董××按规定路线运至津东化工有限公司处置，每吨给付其处置费 600 元。董××未按要求处置，而是交由没有处置资质的被告人刘×A 处置，并承诺每吨付给刘×A 报酬 120 元，刘×A 联系了没有处置资质的被告人刘×B，刘×B 租用李×B 的忠义停车场场地，挖设了隐蔽排污管道，连接到蠡县城市下水管网，用于排放废碱液，刘×A 承诺每排放一吨付给刘×B40 元。自 2015 年 2 月 26 日至 2015 年 5 月 17 日，董××雇用钮×春、石×，钮×春、刘×A、石×多次将北京燕山石化公司的共 2816.84 吨废碱液运输至蠡县，直接排放到忠义停车场内挖设的排污管道内，废碱液全部经暗道流入蠡县城市下水管网。其中刘×B 受雇于钮×春，随刘×A 驾驶的冀 J×××××罐车多次运输、排放废碱液800余吨。

2015年5月16日、17日，被告人刘××与刘×A、石×将100余吨废碱液从北京燕山石化运至蠡县东环忠义停车场，经暗道排放至城市下水管网；同年5月18日上午11时许，张×A、张×B、冯××经娄×联系，驾驶张×A的罐车从高××处运出30余吨废盐酸，经王×、段×接应运至蠡县东环忠义停车场在同一地点进行排放。下午1时许，停车场及周边下水道大量废水外溢，并产生大量硫化氢气体，停车场西侧××大饼驴肉店老板李×A被熏倒，段×、王×驾驶罐车逃离。

被害人李×A于2015年5月19日经抢救无效死亡，经法医尸体检验鉴定，李×A符合硫化氢中毒死亡。沧州科技事务司法鉴定中心鉴定，本案废碱液与废盐酸结合会产生硫化氢。

另查明，案发后被告人刘××亲属与被害人家属达成调解，赔偿经济损失，被害人家属对被告人表示谅解，请求法庭对其从轻处罚。

上述事实，被告人在开庭审理过程中亦无异议，并有同案犯刘×B、刘×A、董××、钮×春供述及辨认、×××公安局调取证据清单、刘××身份证复印件、道路危险货物运输押运人员从业资格证复印件、中国石油化工股份有限公司北京燕山分公司计量称重单、×××公安局物证鉴定室公（冀蠡）鉴（法医）字（2015）35070号法医学尸体检验意见书、关于公（冀蠡）鉴（法医）字（2015）35070号检验意见书的补充说明、北京飞燕石化环保科技发展有限公司环境监测中心检测报告、法院（2016）冀0635刑初38号刑事附带民事判决书、保定市×××区分局南大港城区派出所出具的抓获经过材料、黄骅市看守所羁押证明、被告人户籍及无前科证明、破案经过等证据证实，足以认定。

四、判案依据

法院认为，本案涉案废碱液、废盐酸均列入《国家危险废物名录》，属危险废物。董××明知刘×A 无经营危险废物的许可证，而将废碱液交由其处置，刘×A 明知刘×B 无经营危险废物的许可证，而联系刘×B 至蠡县非法排放。李×B 为刘×B 等人非法排放废碱液提供场所，被告人刘××明知上述人员无处置危险废物的经营许可证，而受雇用运输、排放、处置废碱液，其行为构成污染环境罪，公诉机关指控罪名成立。2015 年 5 月 16 日、17 日，被告人刘××与刘×A 在案发地点排放了大量的废碱液，此液体在地下管网中扩散缓慢，尤其在非雨季扩散更为缓慢。同月 18 日张×A、段×等人在同一地点又排放了大量的废盐酸，两种液体发生化学反应产生硫化氢，而后以气体形式溢出。被害人李×A 因吸入大量硫化氢，经抢救无效死亡。被害人的死亡后果与被告人刘××的犯罪行为之间具有刑法上的因果关系，被告人应对被害人的死亡后果承担刑事责任。被告人刘××如实供述自己的罪行，可从轻处罚。经查，被告人刘××系初犯，案发后被告人家属与被害人家属达成调解，赔偿经济损失，被害人家属对被告人表示谅解，请法庭对其从轻处罚。综上，被告人的辩护人请求法庭对其从轻处罚的意见，予以采纳。

五、定案结论

依照《刑法》第 338 条、第 67 条第 3 款，最高人民法院、最高人民检察院《关于办理环境污染刑事案件适用法律若干问题的解释》第 1 条第（2）项、第 3 条第（12）项之规定，判决如下：

被告人刘××犯污染环境罪，判处有期徒刑三年八个月，并处罚金人民币三万元。

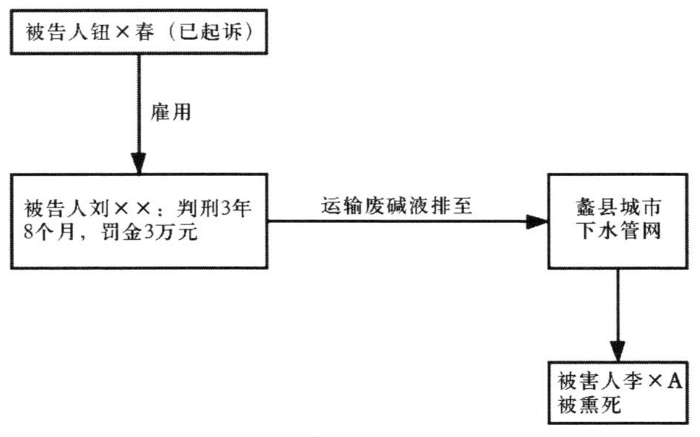

图 16　判决思维导图

六、侦查重点和法理评析

（一）侦查重点

本案被评为最高人民法院 2019 年十大生态环境保护案例之一，系污染环境致人死亡案件。危险废物具有腐蚀性、毒性、易燃性、反应性、感染性等危险特性，收集、贮存或处置不当，不仅严重威胁生态环境安全，更可能直接危及人体健康甚至生命。近年来，非法处置危险废物现象屡禁不绝，环境风险日益凸显。面对环境污染犯罪呈现的大幅增长态势，坚持最严格的环保司法制度、最严密的环保法治理念，加大对环境污染犯罪的惩治力度，服务保障打好打赢污染防治攻坚战，是人民法院审判工作的重要职责。本案中，董××等挖设隐蔽排污管道，将废碱液排放至城市下水管网，张×A 等利用同一暗道排放废盐酸，造成一人死亡的特别严重后果。公安机关对发生被害人死亡案件的统一称谓为“命案”，本案的侦查就是“命案”的侦查。“命案”侦查的重点之一就是要查明被害人的死亡原因，这是确定案件性质、划定侦查范围和侦查方向的基础。查明被害人的死亡原因，要结合现场情况、被害人生前身体状况和法医学尸体检验意见书等证据综合判断，使之形成一个完整的证明体系，排除其他合理怀疑，达到确实、充分的刑事证明标准。本案中，被害人李×A 于 2015 年 5 月 18 日下午 1 时许被硫化氢气体熏倒，经抢救无效死亡；案发现场的停车场及周边下水道大量废水外溢，并产生大量硫化氢气体，具备了犯罪结果发生的物质条件。同时，×××公安局物证鉴定室公（冀蠡）鉴（法医）字（2015）35070 号法医学尸体检验意见书和关于公（冀蠡）鉴（法医）字（2015）35070 号检验意见书的补充说明证明了被害人的死亡原因符合硫化氢中毒致死的特征；北京飞燕石化环保科技发展有限公司环境监测中心检测报告证实案发现场的硫化氢气体严重超标。通过以上证据可以证实被害人李×A 的死亡原因就是因吸入污染环境产生的硫化氢气体中毒死亡。在正确查明死亡原因的基础上，查明 2015 年 5 月 18 日上午 11 时许，张×A、张×B、冯××经娄×联系，驾驶张×A 的罐车从高光义处运出 30 余吨废盐酸，经王×、段×接应运至蠡县东环忠义停车场在同一地点进行排放，段×、王×驾驶罐车逃离。产生大量硫化氢气体造成被害人李×A 被熏倒死亡，死亡结果与非法倾倒废盐酸之间存在法律上的因果关系，是正确的。

（二）法理评析

1. 对本案的定罪问题，有两种不同的观点：一种观点认为被告人刘××伙同他人，将多达 30 吨的废盐酸倾倒入地下暗网，严重污染环境，造成的危害后果是不可控制、不能预测的，构成投放危险物质罪；另一种观点认为构成污染环境罪，即被告人刘××违反防治环境污染的法律规定，倾倒废盐酸，造成环境污染，造成一人死亡的严重后果，其主观上不具有危害公共安全的故意，客观上也没有造成重大的人身、财产损失，根据主客观相统一的原则，认定刘××构成污染环境罪更符合污染环境罪的犯罪构成。本案的发生，还存在一定的偶然性：5 月 16 日、17 日被告人刘××与刘×A 在案发地点排放了大量的废碱液，次日张×A、段×等人在同一地点又排放了大量的废盐酸，两种液体发生化学反应产生硫化氢，而后以气体形式溢出，被害人李×A 因吸入大量硫化氢，经抢救无效死亡。造成被害人李×A 死亡的后果，并不是单独由被告人刘××实施完成的，由此也不应当认定刘××构成投放危险物质罪。笔者认为第二种观点是正确的。另外，根据 2016 年“两高”《关于办理环境污染刑事案件适用法律若干问题的解释》第 3 条第 1 款第（12）项之规定，致使一人以上死亡或者重度残疾的，应当认定“后果特别严重”，对被告人刘××判处有期徒刑三年八个月，是正确的。本案中人民法院全面贯彻宽严相济刑事政策，充分发挥环境资源刑事审判的惩治和教育功能，结合各被告人犯罪事实、情节和社会危害性，依法认定提供、运输、排放、倾倒、处置等环节各被告人的刑事责任，从重判处刑罚。本案的审理和判决对于斩断危险废物非法经营地下产业链条、震慑潜在的污染者具有典型意义。

2. 在司法实践中，被告人违规排放、倾倒或者处置有放射性的废物、含传染病病原体的废物、有毒物质严重污染环境的同时，还可能危害公共安全。此时就出现了污染环境罪和投放危险物质罪的竞合。最高人民法院、最高人民检察院、公安部、司法部和生态环境部联合印发的《关于办理环境污染刑事案件有关问题座谈会纪要》第6条对此作出了明确规定，司法实践中对环境污染行为适用投放危险物质罪追究刑事责任时，应当重点审查判断行为人的主观恶性、污染行为恶劣程度、污染物的毒害性危险性、污染持续时间、污染结果是否可逆、是否对公共安全造成现实、具体、明确的危险或者危害等各方面的因素。由于投放危险物质罪是重罪，一般情况下原则上应当适用污染环境罪，而不适用投放危险物质罪。适用投放危险物质罪时，应当特别慎重。只有在被告人的行为同时满足以下几个条件时，才可以以投放危险物质罪定罪处罚：(1) 行为人投放的污染物必须含有毒害性、放射性、传染病病原体等危险物质；(2) 投放行为造成重大人员伤亡、重大公私财产损失等严重后果；(3) 以污染环境罪论处，明显不足以罚当其罪；(4) 投放行为一般是在特殊保护区域，包括饮用水水源保护区，饮用水供水单位取水口和出水口，南水北调水库、干渠、涵洞等配套工程，重要渔业水体以及自然保护区核心区等特殊保护区域；(5) 行为人明知投放物是危险物质。本案中，被告人刘××将废碱液经暗道排放至城市下水管网，不属于特殊保护区域；造成的人员伤亡为一人，显然不属于重大人员伤亡。仅凭这两点，尚达不到构成投放危险物质罪的条件，所以本案最终以污染环境罪定罪量刑是正确的。

案例6：戴×、周××、徐××等污染环境案

——从宽处罚的情形

一、被告人基本情况

被告人戴×、周××、韩×A、韩×B、李××、王××、徐××共7名自然人被告人，被告单位××××化工有限公司。

二、控辩意见

（一）控方意见

公诉机关指控：

1. 2016年6月，被告人徐××为生产化工产品避蚊胺而购买南通市××××化工有限公司（以下简称××××化工有限公司），被告人徐××系该公司法定代表人。2016年9月，被告人徐××将存放的约47吨化工废物以10万元左右的价格委托给没有危险废物经营许可的被告人戴×处理。被告人戴×在明知自己无危废物经营许可的情况下，为谋取利益通过互联网联系到被告人周××，后通过苑××（另案处理）、被告人韩×A、被告人韩×B介绍，于2016年9月7日由被告人戴×雇用三辆货车将该批化工废物运至××省××市××县，由被告人李××、王××将该批化工废物在××县××××镇×

村北王××厂子院落中掩埋。经鉴定，被掩埋的该批化工废物属于危险废物。为防止污染扩大、消除污染而采取必要合理措施所产生的费用为155.8万元。案发后，徐××的家属已支付了为消除污染、清运废物支出的费用以及检测费用等。2016年12月27日，被告人李××到××县公安局投案。

2. 2017年1月13日，被告人韩×A被侦查人员抓获。2017年1月18日，被告人韩×B到××县公安局投案。2017年2月8日，被告人周××到××县公安局投案。2017年2月22日，被告人徐××在其家中被××省×市××区××派出所民警抓获，被告人戴×经电话传唤到上述派出所接受调查。

3. ××××化工有限公司系被告人徐××于2016年7月出资3000万元购买，并办理了工商变更登记，法定代表人为徐××，主要经营化工产品。2016年9月初，该公司在明知戴×没有危险废物经营许可的情况下，将存放的约47吨化工废物以10万元左右的价格委托给戴×处理。后经周××、苑××、韩×A、韩×B介绍，由李××、王××将该批化工废物在××县××××镇×村北王××厂子院落中掩埋。经鉴定，被掩埋的该批化工废物属于危险废物。为防止污染扩大、消除污染而采取必要合理措施所产生的费用为155.8万元。

公诉机关认为：被告人徐××、戴×、周××、韩×A、韩×B、李××、王××违反国家规定，处置危险废物，严重污染环境，后果特别严重，犯罪事实清楚，证据确实、充分，应当以污染环境罪追究其刑事责任。被告人戴×、周××、李××、韩×B、王××主动归案后能够如实供述犯罪事实，均系自首，可从轻或减轻处罚；被告人周××、韩×A、韩×B在共同犯罪中起到帮助作用，均系从犯。被告单位××××化工有限公司违反国家规定，处置危险废物，严重污染环境，后果特别严重，犯罪事实清楚，证据确实、充分，应当以污染环境罪追究其刑事责任，建议对其判处罚金。

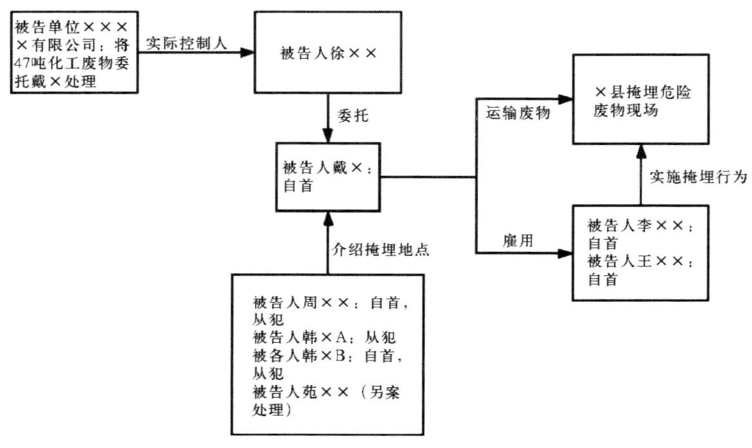

图 17 公诉思维导图

（二）被告人的辩解和辩护人的辩护意见

被告人徐××、戴×、周××、韩×A、韩×B、李××、王××对公诉机关指控的犯罪事实及罪名均无异议。

被告单位××××化工有限公司对公诉机关指控的罪名部分及犯罪事实均无异议。但辩称，为防止污染扩大、消除污染而采取必要合理措施所产生的费用不应为155.8万元，相关的辩护意见同被告人徐××辩护人孟庆勇律师的辩护意见。

被告人徐××的辩护人孟庆勇律师辩称，对于公诉机关指控的罪名无异议，但对指控的事实有异议：（1）检验报告不是鉴定结论，可以作为量刑参考或者结合其他证据认定，不能直接作为定罪量刑的依据。本案中，××环境保护科学研究设计院作为环境保护部指定的机构，其作出的《××县王××污染环境案环境损害检验报告》只可以作为定罪量刑的参考或结合其他证据作出认定，不能直接作为定罪量刑的依据。（2）刑法意义上的“公私财产损失”与环保部门出具的“应急处置费用”是两个不同的概念，司法机关对“应急处置费用”的数额不应直接适用。本案中，涉案危险废物在使用生石灰作了初步处理后，此时不再将废物运至××扬子化工公司处置，不再具有紧迫性、应急性。因此，不宜将危险废物处置费用 98 万元计算在“公私财产损失”之内。（3）中华人民共和国环境保护部编制的《突发环境事件应急处置阶段环境损害评估推荐方法》第 9.1 条规定，应急处置费用包括四项，即污染控制费用、污染清理费用、应急监测费用、人员转移安置费用，根本不包括废物处置费用和废物性质鉴定费用。该检验报告将 98 万元的废物处置费用和废物性质鉴定费用 2 万元列入应急处置费用之内，不符合该规定。该报告不能作为定案的根据，应当依法将 98 万元的废物处置费用和废物性质鉴定费用 2 万元排除。同时，该检验报告对检测费 3.6 万元和填埋废物挖掘、清运及环境监理费用 46 万元的计算方法，也不符合《突发环境事件应急处置阶段环境损害评估推荐办法》的要求，应当重新检验。（4）起诉书指控“为防止污染扩大、消除污染而采取必要合理措施所产生的费用为 155.8 万元”，不应包含受污染土壤修复费用。根据2016 年“两高”《关于办理环境污染刑事案件适用法律若干问题的解释》第 17 条第 5 款之规定，受污染土壤修复费用应当属于“生态环境损害”，而不属于公私财产损失项下的“为防止污染扩大、消除污染而采取必要合理措施所产生的费用”。（5）本案的受污染土壤修复费用评估依据是《环境污染损害数额推荐方法》（第 1 版），数额是 6.2 万元，但该依据已被废止。故 6.2 万元不应认定为受污染土壤修复费用。（6）被告人徐××不是主犯，不应被列为第一被告人，现有证据无法证明其在本案中起到主要作用，其主观上没有污染环境的故意，客观上未实施污染环境的行为，其入罪的主要原因是戴×无危废经营许可证，而作为共同犯罪处理的；被告人徐××未实施安排人员、联系车辆、选择填埋地点等一系列具体工作；被告人徐××具有坦白情节，可从轻处罚；其有悔罪表现，并及时采取措施，防止损失扩大，消除污染，预缴××万元生态环境修复费用，全部赔偿损失；其一贯表现良好，系初犯。综上，建议对被告人徐××从宽处罚，适用缓刑。

被告人戴×的辩护人辩称：（1）戴×系自首，应当从轻处罚。（2）未造成严重后果，危害性小。（3）本案系共同犯罪，可从轻处罚。（4）戴×在共同犯罪中起作用较小。（5）系初犯。

被告人周××的辩护人辩称：（1）对犯罪事实及罪名均无异议，但是对起诉书中指控的犯罪数额为155.8万元有异议，同意被告人徐××辩护人孟庆勇的意见。（2）周××系自首。（3）系从犯。

被告人韩×A的辩护人辩称：对公诉机关指控被告人韩×A的定性不持异议，但认为被告人具有以下情节：（1）系从犯。（2）本案所涉及处置的化工废料在有毒气体扩散地表污染方面并未造成严重后果。（3）认罪态度较好，悔罪态度诚恳。

被告人王××的辩护人辩称：（1）关于对本案检验报告的意见同以上被告人徐××、戴×、周××的辩护人意见。（2）对公诉机关指控被告人王××的犯罪事实及罪名均无异议，但对量刑情节有异议。

被告单位××××化工有限公司辩称：（1）对认定构成环境污染无异议，但认为总处置费用应在100万元以下。（2）自愿认罪。（3）自愿缴纳罚金。

公诉机关补充公诉意见为：(1) 根据“两高”《关于办理污染环境刑事案件适用法律若干问题的解释》第14条之规定，根据××环境保护科学研究设计院出具的报告及上海道科环保科技有限公司及××扬子化工有限公司分别出具的两份情况说明，对于道科公司实际履行了6万元合同表示认可。(2) 第二份××扬子公司出具的情况说明，证明的是处置费用包括危险废物和处置所添加的生石灰的费用，有鉴定人出庭作证，并对应急处置费用做出了详细的解释。添加生石灰系为了综合酸性易挥发的危险废物，是处置危险废物的基础环节，后生石灰不能够从危险废物中剥离出来，因此为了消除污染所产生的必要的费用，应当包括处置危险废物和生石灰的费用，××环境保护科学研究设计院对该部分应急处置费用作出的鉴定合法有效，应当认定。(3) 被告人徐××系涉案危险废物的来源，其长期从事化工行业，明知化工废物的危险性，在为了使自己公司生产运营的情况下擅自以低于正规处置价格交由无处置资质的戴×处置，无徐××的擅自处置行为，就不会有本案的发生，故其不应认定为从犯。(4) 被告人徐××让其家属支付处置费用的行为，不应对定罪有影响，可对其从宽处罚，但该从宽情节不适用于被告人戴×。(5) 辩护人提出庄×与××环境保护科学研究设计院有关系，对本案的定罪量刑无影响。(6) 被告人戴×与被告人徐××沟通，雇用大货车将货物拉走，最终拉至××县××××镇掩埋，且比其他共犯获益多，不宜认定其为从犯。(7) 被告人王××提供掩埋地点，实施了委托、接受危险废物，将危险废物运至掩埋地点进行掩埋，系危险废物处置的直接责任人，不宜认定为从犯。

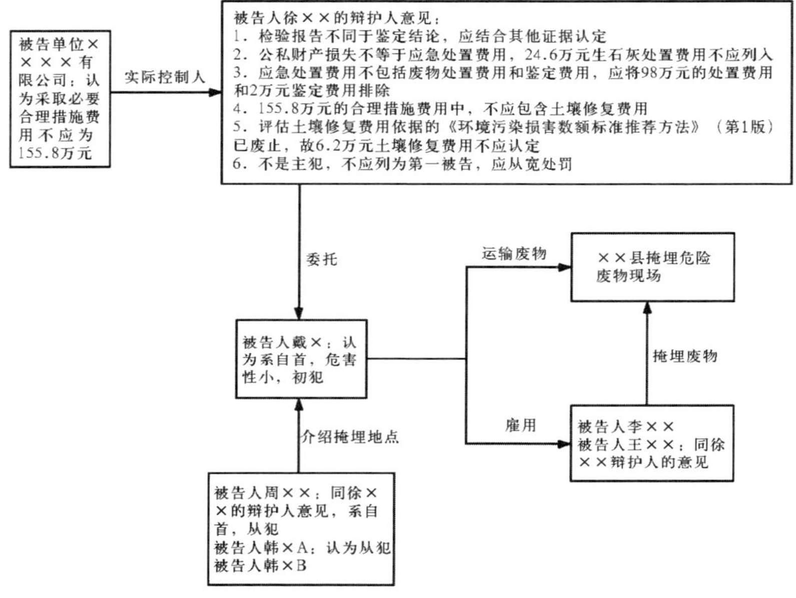

图 18　辩护思维导图

三、人民法院认定的事实和证据

经审理查明：

2016 年 6 月，被告人徐××为生产化工产品避蚊胺而购买××南通市××××化工有限公司（以下简称××化工有限公司），被告人徐××系该公司法定代表人。2016 年 9 月被告人徐××将该公司存放的约 47 吨化工废物以 10 万元左右的价格委托给没有危险废物经营许可的被告人戴×处理。被告人戴×在明知自己无危险废物经营许可的情况下，为谋取利益通过互联网联系到被告人周××，后通过苑××（另案处理）、被告人韩×A、韩×B 介绍，于 2016 年 9 月 7 日由被告人戴×雇用三辆货车将该批化工废物运至××省××市

××县，并由被告人李××、王××将该批化工废物在××县××××镇×村北被告人王××的厂子院落中掩埋。

经××环境保护科学研究设计院环境风险与污染损害鉴定评估中心作出的环境损害检验报告显示，涉案掩埋并挖出的废物为腐蚀性危险废物，亦为有毒物质；涉案危险废物应急处置费用为149.6万元（其中危险废物处置费用为98万元），生态环境损害费用为受污染土壤修复费用约为6.2万元，地下水处置费用以实际发生为准，本次评估环境损害费用合计为155.8万元。案发后，被告人徐××家属于2017年4月12日委托上海道科环保科技有限公司进行现场清理及挖掘，并支付服务费46万元。同年5月18日，被告人徐××家属又委托××扬子化工有限公司对危险废物进行处置，约定由该公司负责危险废物运输、贮存及安全无害化处置。上海道科环保科技有限公司于2017年12月11日出具的情况说明显示，该公司完成了本案危险废物的清理及挖掘两项内容，实际花费6万元；××扬子化工有限公司于2017年12月10日出具的情况说明显示，在本案涉案危险废物中存在生石灰16.4吨，处置该生石灰费用为24.6万元，其他危险废物的处置费用为73.4万元。

案发后，被告人徐××于2017年5月31日向××县公安局涉案财物管理中心上交××万元，同日向××县财政局国库会计支付科上交××万元，被告人周××退缴违法所得700元。2016年12月27日，被告人李××到××县公安局投案。2017年1月13日，被告人韩×A被侦查人员抓获。2017年1月18日，被告人韩×B到××县公安局投案。2017年2月8日被告人周××到××县公安局投案。2017年2月22日，被告人徐××在其家中被××省××市××分局××派出所民警抓获。被告人戴×经电话传唤到××省××市××分局××派出所接受调查。2017 年 4 月 11 日，被告人王××到××县公安局××××派出所办理业务时被抓获归案。

整个犯罪过程中，被告人徐××支付给被告人戴×96000 元，被告人戴×通过转账方式支付给被告人周××30400 元，被告人周××通过转账方式支付给被告人韩×A23000 元，被告人韩×A 通过转账方式支付给被告人李××8500 元，被告人李××支付给被告人王××1000 元。

证明该项犯罪事实的证据如下：

1. 书证。

（1）常住人口信息表、户籍证明。（2）××市公安局××分局××派出所出具的抓获经过、羁押证明。（3）户籍证明。（4）违法犯罪记录证明。（5）股权转让协议。（6）××县××镇××村北废弃窑厂填埋危险废物清运处置服务协议、危险品运输转运联单、中国农业银行转款回执。（7）危险废物委托处置合同。（8）中国农业银行周××银行账户交易记录。（9）中国农业银行谢××银行账户交易记录。（10）通话记录。（11）中国工商银行张××银行账户交易记录。（12）河北中润生态环保有限公司税务登记证、营业执照、危险废物经营许可证复印件。（13）前科证明、刑事判决书二份。（14）抓获经过。（15）现金缴款单。（16）进账单、中国建设银行单位客户专用回单。（17）上海道科环保科技有限公司及××扬子化工有限公司分别于 2017 年 12 月 11 日、2017 年 12 月 10 日出具的两份情况说明。（18）××环境保护科学研究设计院环境损害检验报告。

2. 证人证言。

（1）证人石×的证言。

（2）证人魏××的证言。

（3）证人国××的证言。

（4）证人张××的证言。

3. 被告人的供述与辩解。

（1）被告人徐××的四次供述。

（2）被告人戴×的六次供述。

（3）被告人周××的四次供述。

（4）被告人韩×A 的三次供述。

（5）被告人韩×B 的两次供述。

（6）被告人李××的四次供述。

（7）被告人王××的三次供述。

4. 鉴定意见。

（1）青岛京诚检测公司出具的监测报告及书面说明一份。

（2）××环境保护科学院研究设计院环境风险与污染损害鉴定评估中心于 2016 年 12 月 26 日出具的××县××××镇×村北废弃窑厂填埋废弃物中的 1#塑料桶、2#大塑料桶样品性质检验意见。

（3）××环境保护科学研究设计院环境损害检验报告。

5. 勘验、检查、辨认、侦查实验等笔录。

（1）被告人李××的辨认笔录。

（2）被告人周××的辨认笔录。

（3）现场勘验笔录。

四、判案理由

经法院审判委员会讨论认为：被告人戴×、周××、韩×A、韩×B、李××、王××违反国家规定处置危险废物，严重污染环境，犯罪事实清楚，证据确实充分，应当以污染环境罪追究刑事责任。被告单位××××化工有限公司明知被告人戴×没有处理危险废物的资质而违反国家规定，仍将涉案危险废物交由被告人戴×处理，应构成污染环境罪的共犯，被告人徐××作为该被告单位的实际控制人，亦应构成污染环境罪。公诉机关指控的犯罪事实及罪名成立，法院予以支持。

关于加入生石灰的处置费用 24.6 万元是否应计入公私财产损失范围内问题。对于公诉机关指控的第一项犯罪事实，根据环评报告、上海道科环保科技有限公司于 2017 年 12 月 11 日出具的情况说明及××扬子化工有限公司于 2017 年 12 月 10 日出具的情况说明，并结合其他证据，可证明本案涉案危险废物的清理、挖掘费用为 6 万元，对其他危险废物的处置费用为 73.4 万元。在上海道科环保科技有限公司清理、挖掘过程中，为防止污染的扩大而加入了 16.4 吨的生石灰，共花费 6 万元，其中已包括加入生石灰的费用。在××扬子化工有限公司继续处置的过程中对生石灰的处置费用 24.6 万元如再次计入，则会造成重复计算，显失公平，且处置生石灰的费用系在处置危险废物过程中产生的费用，故法院认为对加入生石灰的处置费用 24.6 万元不宜计入公私财产损失中。

综上，该项犯罪事实中涉案危险废物的处置费用为 79.4 万元。本案案发时间虽在 2016 年“两高”《关于办理环境污染刑事案件适用法律若干问题的解释》实施之前，根据从旧兼从轻的原则，应适用对被告人有利的法律规定，故法院认为对于被告人徐××及被告单位××××化工有限公司在案发后及时采取措施、消除污染、积极赔偿损失的行为，可适用 2016 年“两高”《关于办理环境污染刑事案件适用法律若干问题的解释》第 5 条之规定，即应对被告人徐××及被告单位××××化工有限公司从宽处罚。

关于本案各被告人主从犯认定问题。被告人徐××经营的×××

×化工有限公司将其厂内的危险废物交由无处置资质的被告人戴×进行处置，系本案涉案危险废物的来源，故不宜认定其为从犯，其应为主犯；被告人戴×从被告人徐××处联系到涉案危险废物，后通过互联网积极联系被告人周××，其所起作用较为积极，且其从被告人徐××处得到96000元左右，数额较其他共犯最大，其应认定为主犯；被告人周××在网上公开发布处置广告，且在被告人戴×联系其时，其又与苑××联系，导致涉案危险废物由外地被拉至××县进行掩埋，继而造成了污染，且其在犯罪过程中从被告人戴×处得到30400元，数额仅次于被告人戴×，故其在犯罪过程中所起作用不宜认定为较小，亦不宜认定为从犯，应认定为主犯。对于其他被告人，苑××联系被告人韩×A，让其在××县寻找掩埋危险废物的地方，被告人韩×A从中得到23000元；被告人韩×B帮助联系被告人李××，并让其联系掩埋地点，从中未获利；被告人李××负责寻找掩埋地点及实施掩埋，从中得到8500元；被告人王××负责实施掩埋，并将危险废物最终掩埋于其提供的厂子院落内，从被告人李××处得到1000元。根据被告人韩×A、韩×B、李××在本案中所起作用大小及其获利情况，法院认为被告人韩×A、韩×B、李××所起作用相对较小，系从犯。

综上，被告人徐××、周××、韩×A、李××、王××、韩×B涉案犯罪数额为79.4万元，被告人戴×涉案犯罪数额为154.4万元。被告人戴×在第一项犯罪事实中经公安机关电话传唤到案，且到案后如实供述犯罪事实，系自首，可从轻处罚；其在第二项犯罪事实中系如实供述犯罪事实，可从轻处罚；其于案发后退缴其违法所得6万元，可酌情从轻处罚；对于被告人徐××支付给被告人戴×的数额，被告人徐××供述给戴×10万元左右，被告人戴×当庭供述支付给其96000元，根据有利于被告人的原则，认定被告人徐××支付给被告人戴×96000 元；被告人徐××归案后如实供述犯罪事实，可从轻处罚；其与被告单位××××化工有限公司在案发后及时采取措施、消除污染、积极赔偿损失，故对被告人徐××及被告单位××××化工有限公司可从宽处罚。被告人周××系自首，可从轻处罚；其于案发后退缴违法所得 7000 元，可酌情从轻处罚。被告人韩×A 如实供述犯罪事实，可从轻处罚；其系从犯，应从轻处罚；其有犯罪前科，从严处罚。被告人李××系自首，可从轻处罚；其系从犯，应从轻处罚。根据××县公安局出具的抓获经过可知，被告人王××系到××县公安局××派出所办理业务时被该派出所民警抓获，其行为不应认定为主动投案，故其不构成自首，但其归案后如实供述犯罪事实，可从轻处罚。被告人韩×B 系自首，可从轻处罚；其系从犯，应从轻处罚。

五、定案结论

据此，依照《刑法》第 338 条、第 12 条、第 27 条、第 30 条、第 31 条、第 64 条、第 67 条第 1 款和第 3 款，最高人民法院、最高人民检察院《关于适用刑事司法解释时间效力问题的规定》第 3 条，2013 年最高人民法院、最高人民检察院《关于办理环境污染刑事案件适用法律若干问题的解释》第 1 条第（9）项、第 3 条第（4）项、第 6 条、第 9 条、第 10 条第（1）项，2016 年最高人民法院、最高人民检察院《关于办理环境污染刑事案件适用法律若干问题的解释》第 5 条之规定，判决如下：

1. 被告人戴×犯污染环境罪，判处有期徒刑四年，并处罚金人民币十五万元。

2. 被告人周××犯污染环境罪，判处有期徒刑二年，并处罚金人民币十万元。

3. 被告人韩×A 犯污染环境罪，判处有期徒刑一年六个月，并处罚金人民币五万元。

4. 被告人韩×B 犯污染环境罪，判处有期徒刑一年二个月，并处罚金人民币一万元。

5. 被告人李××犯污染环境罪，判处有期徒刑一年二个月，并处罚金人民币二万元。

6. 被告人王××犯污染环境罪，判处有期徒刑一年三个月，并处罚金人民币二万元。

7. 被告单位××××化工有限公司判处罚金人民币一万元。

8. 被告人徐××犯污染环境罪，判处有期徒刑一年，并处判处罚金十万元。

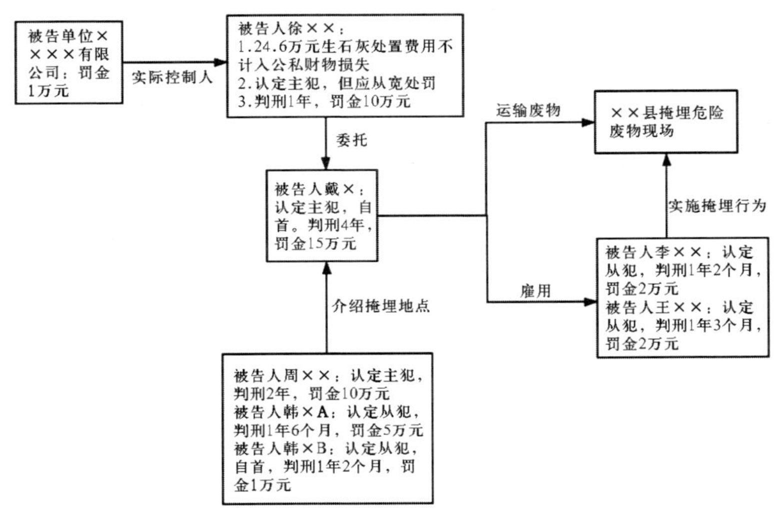

图 19　判决思维导图

六、侦查重点和法理评析

（一）侦查重点

本案涉及的犯罪嫌疑人较多，犯罪发生的时间距离破案时间较长，各犯罪嫌疑人之间的策划预谋、具体分工配合、犯罪地点的选择等，很大程度上需要通过他们之间的供述来查明。这样，对各个犯罪嫌疑人进行专业细致的讯问，就成为本案的侦查重点。对于讯问多个犯罪嫌疑人，笔者认为切忌一开始讯问就为其作讯问笔录，而是应当对各个犯罪嫌疑人进行初步的分别讯问后，汇总各犯罪嫌疑人的供述。侦查人员对供述进行分析、讨论，对整个案件的基本情况和各犯罪嫌疑人在整个犯罪过程中的分工、作用有了框架性的认识，再有针对性地对各个犯罪嫌疑人进行讯问并作讯问笔录。这样做的优点在于：（1）通过对整个案情的基本认识，能够让侦查人员在讯问时有的放矢。（2）打消犯罪嫌疑人的侥幸心理和试探摸底行为，让其意识到侦查人员已经掌握他们的作案过程和犯罪证据，有利于促进其交代犯罪事实。具体到本案的讯问，还应当注意以下几点：

1. 掌握犯罪嫌疑人在讯问过程中的心理变化：每个面临被刑事追究的犯罪嫌疑人，都清楚讯问的结果与他的命运有关，所犯罪行越重，受到的处罚也就越重。他们无论是出于畏罪心理还是出于侥幸心理，肯定在讯问中百般抵赖、步步为营、负隅顽抗。同时，在讯问攻势和压力下，犯罪嫌疑人的心理一般会发生“四个阶段的心理变化，即试探摸底阶段、对抗相持阶段、动摇反复阶段和交代供述阶段。在具体实践中，这几个阶段有反复，有穿插，不是截然分开的”。侦查人员应当准确掌握犯罪嫌疑人不同阶段的心理活动，采取不同的讯问策略、技巧，以最终取得较好的讯问效果。

2. 利用各犯罪嫌疑人供述之间的矛盾：犯罪嫌疑人为了利益，临时或长期纠集在一起，进行共同犯罪活动，成则坐地分赃，败则互相推诿，以期逃脱法律的制裁，所以他们的供述之间往往会出现矛盾。“利用矛盾讯问，可以动摇和瓦解犯罪嫌疑人的抵触思想和顽固态度，迫使其不得不如实供认罪行。”侦查人员可以利用这些供述中出现的矛盾，“以子之矛攻子之盾”，使其陷入既无法退缩，又无法自圆其说的困境，只能交代供述自己的犯罪事实。

（二）法理评析

笔者担任了本案被告人徐××的辩护人。公诉机关的起诉书把徐××列为第一被告人，并建议在三年以上量刑。经过笔者的辩护，最终判决结果是把徐××由第一被告人改变为最后一名被告人并适用缓刑，在所有被告人中量刑是最轻的。笔者认为本案的辩护是成功的。

1. 刑法意义上的“公私财产损失”与环保部门出具的“应急处置费用”是两个不同的概念，二者不能直接画等号，司法机关对“应急处置费用”的数额，不应直接适用。理由如下：

2016 年“两高”《关于办理环境污染刑事案件适用法律若干问题的解释》第 17 条第 4 款明确规定，为防止污染扩大、消除污染而采取必要合理措施所产生的费用应当纳入“公私财产损失”的计算范围。“关于‘防止污染扩大’的含义，可以参考《环境污染损害数额计算推荐方法》的界定，即‘当污染物等有害物质向环境排放，为防止污染扩散所采取的应急处置措施’。”也就是说，为防止污染扩大而采取必要合理措施所产生的费用，实际上是在污染发生后，针对为受到污染的周边环境采取防范措施所产生的费用。关于“消除污染”的含义，此部分费用应当理解为针对未受到污染的周边环境采取防范措施所产生的费用以外的其他应急处置费用，主要是清理现场的费用，不宜理解为包括危险废物处置费用在内。因为在清理现场后，对危险废物往往已经作了初步防止污染扩大的应急处理，此时处置危险废物已经不再具有紧迫性、应急性。本案中，涉案危险废物在使用生石灰作了初步处理后，化学性质已经比较稳定，不再具有危险性，此时再将废物运至××扬子化工公司处置，已经不再具有紧迫性、应急性。因此，不宜将危险废物处置费用 98 万元计算在“公私财产损失”之内。因此，刑法意义上的“公私财产损失”和环保部门出具的行政法意义上的“应急处置费用”是两个完全不同的法律概念，二者不能等同。

2. 处置生石灰费 24.6 万元是否计算在公私财产损失之内，事关各被告人的重罪与轻罪问题。2016 年“两高”《关于办理环境污染刑事案件适用法律若干问题的解释》第 3 条规定：“实施刑法第三百三十八条、第三百三十九条规定的行为，具有下列情形之一的，应当认定为‘后果特别严重’：……（五）致使公私财产损失一百万元以上的……”“后果特别严重”适用三年以上刑罚，系重罪，那样本案的所有被告人将都失去适用缓刑的机会。辩护人提出了 98 万元的废物处置费用和 2 万元废物性质鉴定费用应予以排除，人民法院部分采纳辩护人的意见，将其中的 24.6 万元排除在公私财产损失之外，不属于“后果特别严重”的情形，应当在三年以下量刑，属于轻罪，最终判决 6 名被告人量刑在三年以下，其中被告人徐××量刑最轻，刑期为一年。

3. 辩护人充分利用了“从宽处罚”的规定，达到了良好效果。2016 年“两高”《关于办理环境污染刑事案件适用法律若干问题的解释》第 5 条规定："实施刑法第三百三十八条、第三百三十九条规定的行为，刚达到应当追究刑事责任的标准，但行为人及时采取措施，防止损失扩大、消除污染，全部赔偿损失，积极修复生态环境，且系初犯，确有悔罪表现的，可以认定为情节轻微，不起诉或者免予刑事处罚；确有必要判处刑罚的，应当从宽处罚。"从本条的规定可以看出，实施了《刑法》第 338 条、339 条规定的行为，如果从宽处罚必须同时具备以下条件：（1）罪量比较小，刚刚达到应当追究刑事责任的标准。（2）没有造成特别严重的后果，即行为人及时采取措施，防止损失扩大、消除污染。（3）没有或者很少造成公私财产损失。（4）对生态环境的污染有积极修复的行为，即积极修复生态环境。（5）没有违法犯罪前科，不是惯犯、累犯，即系初犯，确有悔罪表现。辩护人紧紧抓住从宽处罚的情形，力主处置生石灰的 24.6 万元不应计算在处置危险废物的费用之内。人民法院最终没有把处置生石灰的 24.6 万元认定为处置费用，认定的危险废物处置费用为 79.4 万元，少于 100 万元，刚达到应当追究刑事责任的标准。同时辩护人建议被告人徐××家属积极采取措施修复环境，防止损失扩大，其家属拿出了近 500 万元的巨额款项修复生态环境。同时，被告人不是惯犯、累犯，以前没有违法犯罪的记录。所以人民法院对被告人徐××予以从宽处罚，辩护人对被告人徐××的辩护是成功的。

案例 7：肖××、赖××、何××等污染环境案

——危险废物的认定和数量计算

一、被告人基本情况

被告人肖××、赖××、何××、廖×A、廖×B、廖×C 共 6 名自然人。

二、控辩意见

（一）控方意见

公诉机关指控：

1. 2016 年 10 月 5 日，被告人肖××与赖××商议合伙在石城县小松×××将军脑开建炼油厂。农历 2016 年底，被告人何××加入，约定三人等额出资，共同经营该炼油厂。该厂制定了《桐江油厂合伙人生产管理制度》，肖××负责原料采购和烧火油销售工作，赖××和廖×A 负责日常生产管理工作，何××负责财务记账工作，廖×B 为出纳，负责现金管理和收支工作，廖×A 为厂长，负责协调和处理有关部门和村民的关系。被告人肖××、赖××在未办理任何审批手续的情况下，于 2017 年春节后到赣州市潭东镇赣州市恒辉生物有限公司找陈××（另案处理）洽谈装运“废渣”一事，

该公司法定代表人张×（另案处理）同意后，在明知肖××等人没有处置危险废物资质的情况下，陈×A 仍将其公司生产产生的“废渣”21.6 吨交由肖××等人处置。2017 年 3 月左右，被告人肖××雇请杨×A 等人采用焚烧、蒸馏等方式提炼烧火油并出售，从中非法获利。2017 年 5 月 16 日，该非法炼油厂被石城县环境保护局查获，共查处非法处置的“废渣”1380 桶，重 147 吨，未处置的“废渣”836 桶，重 89 吨。经石城县环境保护局认定，上述废渣属于《国家危险废物名录》中的 hw08 废矿物油和 hw12 染料、涂料废物。案发后，被告人赖××、何××、廖×A 先后主动到石城县公安局投案。2017 年 12 月 8 日，赣州恒辉生物有限公司委托江西东江环保技术有限公司转移了现场查封的危险废物 87 吨，其中蒸馏残渣 85 吨、空桶 2 吨。

2. 2018 年初，被告人肖××非法提炼烧火油。2018 年 3 月 29 日被查获，现场残留 588 桶原料桶，经宁都县环保局认定，上述原料桶内有蒸馏渣、废矿物油、废胶水、废油渣，属于《国家危险废物名录》中的 hw08 矿物油和 hw12 染料、涂料废物。经计算，现场未处置的油漆渣、废油漆等重约 77.14 吨。已生产使用原料 42.224 吨。共非法处置 119.364 吨。

3. 2018 年 8 月 23 日，被告人肖××在×××三坑组一废弃猪场内，欲提炼烧火油，2018 年 8 月 30 日被宁都县公安局查获。经鉴定，非法倾倒的 283 桶原料属于危险有毒有害物质。经称重，283 桶原料共计 58.58 吨。

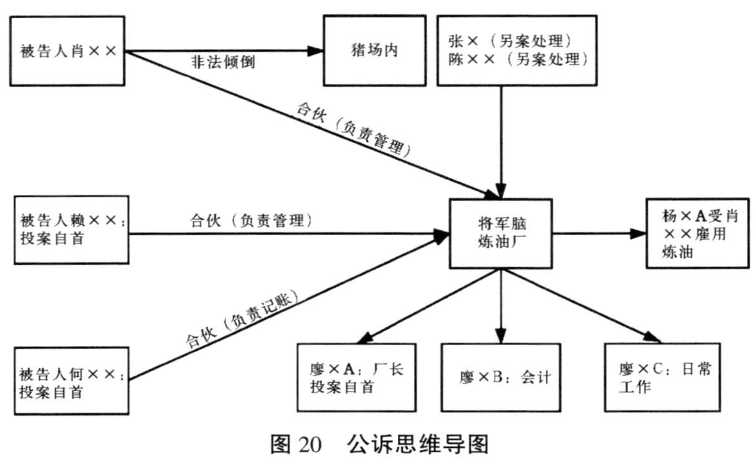

图 20 公诉思维导图

（二）被告人和辩护人的辩护意见

被告人肖××、赖××、何××、廖×A、廖×B、廖×C 及各辩护人对指控的事实及罪名没有异议。

被告人肖××的辩护人提出：追加起诉决定书指控肖××共非法处置 119.364 吨，包含了未处置的 77.14 吨，该部分应予以剔除，真正处置的总数量应该是 189.24 吨。肖××归案后如实供述了全部犯罪事实，认罪态度好，请求法庭对肖××从轻处罚。

被告人赖××的辩护人提出：应当认定赖××为从犯，赖××具有自首情节，系初犯、偶犯，且自愿认罪，案发后也积极退赃，建议对赖××从轻或减轻处罚，对其适用缓刑。

被告人何××的辩护人提出：2017 年 4 月 27 日签订协议后，何××才接管记账的，接管后只有 3 次记账记录，之前卖的 2 次油与何××没有关联性，何××入股之前炼油厂非法处置的危险废物数量应当剔除，何××具有自首情节，应当减轻处罚，其又系从犯，建议对其免予刑事处罚。

被告人廖×A 的辩护人提出：被告人廖×A 系从犯，归案后如实供述犯罪事实，具有坦白情节。请求法庭对廖×A 减轻处罚，并适用缓刑。

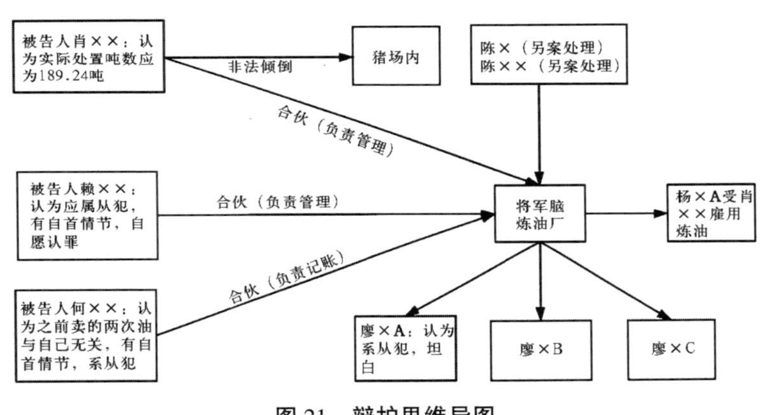

图 21　辩护思维导图

三、人民法院认定的事实和证据

经审理查明：

2016 年 10 月 5 日，被告人肖××与赖××商议合伙在石城县小松×××将军脑开建炼油厂，被告人肖××用设备入股，被告人赖××提供场地及资金，两人各占一半股份，双方签订了协议书。至同年农历十二月，炼油厂基础设施及设备安装完成。该年底，被告人何××加入，约定三人共同等额出资，共同经营该炼油厂。2017 年 4 月 27 日，该厂制定了《桐江油厂合伙人生产管理制度》，被告人肖××负责原料采购和烧火油销售工作，被告人赖××和廖×A 负责日常生产管理工作，被告人何××负责财务记账工作，被告人廖×B 为出纳，负责现金管理和收支工作，被告人廖×A 为厂长，负责协调和处理有关部门和村民的关系。被告人肖××、赖××在未办理任何审批手续的情况下，于2017年春节后到赣州市潭东镇赣州市恒辉生物有限公司找陈××（另案处理）洽谈装运“废渣”一事，得到该公司法定代表人张×（另案处理）同意后，在明知肖××等人没有处置危险废物资质的情况下，陈×A仍将其公司生产产生的“废渣”交由肖××等人处置。2017年3月左右，被告人肖××雇请杨×A等人采用焚烧、蒸馏等方式提炼烧火油并出售，从中非法获利。2017年5月16日，该非法炼油厂被石城县环境保护局查获，共查处非法处置的“废渣”1380桶、重147吨，未处置的“废渣”836桶、重89吨，被告人非法销售火烧油共获利22.5102万元。经石城县环境保护局认定，上述废渣属于《国家危险废物名录》中的hw08废矿物油和hw12染料、涂料废物。2017年12月8日，赣州市恒辉生物有限公司委托江西东江环保技术有限公司转移了现场查封的已处置的危险废物87吨，其中蒸馏残渣85吨、空桶2吨。

案发后，被告人赖××、何××、廖×A主动向石城县公安局投案，均如实交代了自己的犯罪事实。2017年8月10日，被告人肖××、赖××、何××向公安机关退清了违法所得22.5102万元，同年8月17日，石城县公安局已将该款上缴国库。

2018年初，被告人肖××把将军脑炼油厂查封的危险废物偷运至宁都县固村镇格口村继续非法提炼烧火油。2018年3月29日被查获，现场残留588桶原料桶，经宁都县环保局认定，上述原料桶内有蒸馏渣、废矿物油、废胶水、废油渣，属于《国家危险废物名录》中的hw08矿物油和hw12染料、涂料废物。经计算，现场未处置的油漆渣、废油漆等重约77.14吨，已生产使用原料42.224吨。

2018年8月23日，被告人肖××在×××三坑组一废弃猪场内，将废渣倾倒在其挖好的沟内，欲焚烧处理后取装废渣的铁桶当废铁出卖赚钱，另被告人肖××还收取了李××废渣处理费用19500元。2018年8月30日被宁都县公安局查获。经鉴定，非法倾倒的283桶原料属于危险有毒有害物质。经称重，283桶原料共计58.58吨。

四、判案理由

法院认为，被告人肖××、赖××、何××、廖×A、廖×B、廖×C违反国家规定，在未办理危险废物经营许可证且未采取任何防止环境污染措施的情况下，非法处置危险废物100吨以上，后果特别严重，上述6被告人的行为均已触犯刑律，构成污染环境罪。公诉机关指控的罪名成立，应予支持。被告人肖××、赖××在共同犯罪中起主要作用，系主犯，应当按照其所参与的或组织的全部犯罪处罚；被告人何××、廖×A、廖×B、廖×C在共同犯罪中起次要作用，系从犯，应当从轻或减轻处罚；被告人肖××在取保候审期间，继续非法焚烧提炼烧火油，另外被告人肖××还有非法倾倒危险有毒有害物质的行为，对其酌情从重处罚；被告人赖××主动投案，如实供述自己的罪行，具有自首情节，可以从轻处罚。6被告人均当庭自愿认罪，可以酌情从轻处罚。被告人肖××的辩护人提出，追加起诉书指控非法处置危险物的数量应剔除未处置的数量的意见，符合规定，法院予以采纳。被告人赖××的辩护人提出，赖××系从犯，要求减轻处罚并宣告缓刑的意见，与查明的事实不符，量刑建议不妥，法院不予采纳。被告人何××的辩护人认为何××系从犯，又有自首情节，建议对其免予刑事处分的意见不符合法律规定，法院不予采纳，但可对其减轻处罚，并适用缓刑。被告人廖×A的辩护人认为廖×A系从犯，归案后如实供述犯罪事实，具有坦白情节，请求法庭对廖×A减轻处罚，并适用缓刑的辩护意见，具有事实和法律根据，法院予以采纳。被告人廖×B、廖×C系本案从犯，且廖×B有自首情节，两被告人均系初犯，且自愿认罪，可对两被告人减轻处罚并适用缓刑。综合考虑本案各被告人的犯罪事实、犯罪性质、情节及对社会的危害程度，作出处理。

五、定案结论

依照《刑法》第338条、第25条第1款、第26条第1款及第3款、第27条第1款及第2款、第67条第1款及第3款、第72条第1款、第73条第2款，最高人民法院、最高人民检察院《关于办理环境污染刑事案件适用法律若干问题的解释》第3条第（2）项、第16条之规定，判决如下：

1. 被告人肖××犯污染环境罪，判处有期徒刑四年六个月，并处罚金人民币五万元。

2. 被告人赖××犯污染环境罪，判处有期徒刑三年，并处罚金人民币三万元。

3. 被告人何××犯污染环境罪，判处有期徒刑二年，缓刑二年六个月，并处罚金人民币二万元（已缴纳）。

4. 被告人廖×A犯污染环境罪，判处有期徒刑二年，缓刑二年六个月，并处罚金人民币二万元（已缴纳）。

5. 被告人廖×B犯污染环境罪，判处有期徒刑二年，缓刑二年六个月，并处罚金人民币二万元（已缴纳）。

6. 被告人廖×C犯污染环境罪，判处有期徒刑一年六个月，缓刑二年，并处罚金人民币一万元（已缴纳）。

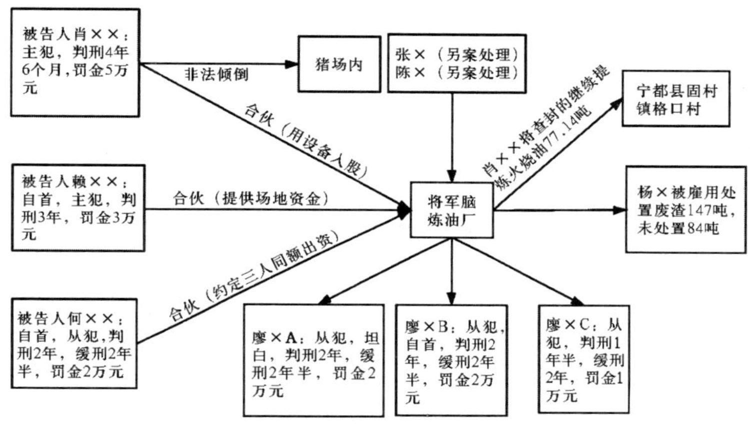

图 22　判决思维导图

六、侦查要点和法理评析

（一）侦查要点

任何犯罪活动都离不开一定的时间和空间，并且必然会使客观环境发生某种变化。这种变化在环境污染案件中尤为明显。因此，对环境污染案件的现场勘查就变得非常重要。

1. 环境污染案件的现场勘查：污染环境现场勘查必须有组织、有领导地进行，这是搞好现场勘查工作、实现现场勘查目标的一个重要条件。这包括确定现场勘查的指挥人员和确定具体参加勘查的人员、商请检察机关与环境保护部门派员参加、邀请现场勘查的见证人、制订现场勘查方案、明确现场勘查人员的分工、申明现场勘查的纪律等。

2. 污染环境现场访问：现场访问是指侦查人员深入案发地点，向了解案件有关情况的人员进行调查询问的活动，是现场勘查的重要组成部分。针对环境污染案件，侦查人员的现场访问应当主要访问报案人或者环保部门人员发现案发的时间、地点，发现案发的详细经过，发现案发时现场的变动情况，案件发生的时间和详细经过，有关行为人、车辆的情况，污染物的形状、气味和数量，造成周边环境的污染情况等。

3. 污染环境现场勘验：现场勘验是指侦查人员进入案发现场，通过运用各种科学技术手段，发现、观察、提取、记录一切同犯罪有关的痕迹、物品，并给予分析研究，以确定其产生、发展的原因及与犯罪行为的关系。它与现场访问同为现场勘查的重要组成部分，往往同步进行。针对环境污染案件，现场勘验应查明的问题主要包括：污染现场的方位，污染现场同周围环境的关系，犯罪嫌疑人进入和逃离污染现场的路线、交通工具，污染物在污染现场中的位置、状态、面积、气味，污染物对周边环境造成的污染状况和严重程度，运输污染物的车辆痕迹，提取污染物检材等。现场勘验结束要制作现场勘验笔录，并邀请见证人签名或者盖章。

4. 污染环境现场分析：污染环境现场分析是指现场勘查结束后，所有参与现场勘查的侦查人员临场对现场情况和其他有关问题进行分析研究的活动。它是现场勘查过程中一个关键的环节。一般分为收集材料、个别分析、综合分析和重点分析四个步骤。应当解决事件性质分析、犯罪情况分析、犯罪嫌疑人条件分析等基本问题。

（二）法理评析

本案的涉及的焦点问题主要有两个：（1）危险废物的认定和数量；（2）污染环境罪中的共同犯罪问题。

1. 非法处置危险废物的认定和数量计算。依据《固体废物污染环境防治法》《固体废物鉴别导则（试行）》，首先对需要界定的物质是否属于固体废物进行鉴别。经鉴别属于固体废物的，则应依据《国家危险废物名录》和《危险废物鉴别标准》对该物质进行进一步鉴别。凡列入《国家危险废物名录》或者经鉴别认定具有危险性的，则属于危险废物。

司法实践中，对于危险废物如何认定，特别是对于危险废物是否需要鉴别，甚至鉴定或者检验，往往存在不同认识。笔者认为，对于危险废物的认定问题不宜一概而论，应当区分不同情况作不同处理：原则上，对于列入《国家危险废物名录》的废物，可以直接依据目录认定，无须通过鉴定等方式进行鉴别。例如，本案中的 hw08 废矿物油和 hw12 染料、涂料废物，属于《国家危险废物名录》中废物。相反，对于来源和相应特征不明确的，应当根据最高人民法院、最高人民检察院、公安部、司法部、生态环境部联合印发的《关于办理环境污染刑事案件有关问题座谈会纪要》第 13 条之规定来处理。

对于排放危险废物的数量计算方法，应当区分既遂与未遂。如果行为人在准备实施排污行为时，被执法机关查处，已处理的危险废物显然达不到法定数额，那么未排放的危险废物是否应当计入犯罪数额？根据犯罪未完成形态的相关规定，应当计入犯罪数额，并作为犯罪未遂处理。这是因为实施排污者已经开始着手实施犯罪，只是由于意志以外的原因没有得逞。对此，最高人民法院、最高人民检察院、公安部、司法部、生态环境部联合出台的《关于办理环境污染刑事案件有关问题座谈会纪要》第 2 条规定：“……当前环境执法工作形势比较严峻，一些行为人拒不配合执法检查、接受检查时弄虚作假、故意逃避法律追究的情形时有发生，因此对于行为人已经着手实施非法排放、倾倒、处置有毒有害污染物的行为，由于有关部门查处或者其他意志以外的原因未得逞的情形，可以污染环境罪（未遂）追究刑事责任”。同时，2016 年“两高”《关于办理环境污染刑事案件适用法律若干问题的解释》第 1 条规定：“……（二）非法排放、倾倒、处置危险废物三吨以上的；（三）排放、倾倒、处置含铅、汞、镉、铬、砷、铊、锑的污染物，超过国家或者地方污染物排放标准三倍以上的；(四) 排放、倾倒、处置含镍、铜、锌、银、钒、锰、钴的污染物，超过国家或者地方污染物排放标准十倍以上的……”根据该规定，上述情形是结果犯，应当存在未遂形态。

2. 污染环境犯罪中的共同犯罪问题。根据《刑法》第 25 条之规定，共同犯罪是指二人以上共同故意犯罪。共同犯罪的成立条件是：犯罪主体必须二人以上、必须有共同故意、必须有共同行为。在危险废物环境污染共同犯罪中，存在比较特殊的规定，就是 2016 年“两高”《关于办理环境污染刑事案件适用法律若干问题的解释》第 7 条之规定：“明知他人无危险废物经营许可证，向其提供或者委托其收集、贮存、利用、处置危险废物，严重污染环境的，以共同犯罪论处。”对于危险废物污染防治经营活动实行许可证制度，以防止无资质的单位和个人从事危险废物的收集、贮存、利用、处置，造成严重的环境污染事故，是包括我国在内的世界各国通行的做法。对此，国务院制定了《危险废物经营许可证管理办法》，规定从事危险废物收集、贮存、处置经营活动的单位，必须依法领取危险废物经营许可证，禁止无经营许可证或者不按照经营许可证规定从事危险废物收集、贮存、处置经营活动。在环境污染犯罪中，只要被告人明知他人无危险废物经营许可证并委托处理危险废物，就依照共同犯罪处理。在本案中，各被告人违反国家规定，在未办理危险废物经营许可证且未采取任何防止环境污染措施的情况下，非法处置危险废物 100 吨以上，严重污染环境，在共同犯罪中，各有分工，互相配合，构成污染环境罪的共同犯罪。被告人肖××辩护人提出追加起诉书指控非法处置危险物的数量应剔除未处置的数量的意见，被告人廖×A 的辩护人认为廖×A 系从犯、具有坦白情节，请求法庭适用缓刑的辩护意见，全部被法院采纳。本案的辩护是成功的。

对于本案共同犯罪中主从犯的区分，从思维导图中可以一目了然地看出，认定的主犯为被告人肖××、赖××二人，他们最先提议并开始合伙从事非法提炼火烧油，对于整个案件的发生起着策划、组织作用，人民法院最终判决认定他们为主犯是正确的。被告人何××虽然也出资并成为三名合伙人之一，但他入伙较晚，同时在该团伙中的工作是记账，没有起到策划、组织作用，所以辩护律师提出的应认定为从犯的辩护意见，被人民法院采纳。同理，廖×A 的犯罪作用比何××还要小，人民法院同样采纳了其辩护律师的意见，认定廖×A 为从犯。

下编　相关法律法规及司法解释摘编

一、相关法律条文

1.《中华人民共和国刑法》第二十五条第一款：“共同犯罪是指二人以上共同故意犯罪。”

2.《中华人民共和国刑法》第二十六条第一款：“组织、领导犯罪集团进行犯罪活动的或者在共同犯罪中起主要作用的，是主犯。”

3.《中华人民共和国刑法》第二十六条第四款：“对于第三款规定以外的主犯，应当按照其所参与的或者组织、指挥的全部犯罪处罚。”

4.《中华人民共和国刑法》第二十七条：“在共同犯罪中起次要或者辅助作用的，是从犯。对于从犯，应当从轻、减轻处罚或者免除处罚。”

5.《中华人民共和国刑法》第三十六条：“由于犯罪行为而使被害人遭受经济损失的，对犯罪分子除依法给予刑事处罚外，并应根据情况判处赔偿经济损失。承担民事赔偿责任的犯罪分子，同时被判处罚金，其财产不足以全部支付的，或者被判处没收财产的，应当先承担对被害人的民事赔偿责任。”

6.《中华人民共和国刑法》第六十四条：“犯罪分子违法所得的一切财物，应当予以追缴或者责令退赔；对被害人的合法财产，应当及时返还；违禁品和供犯罪所用的本人财物，应当予以没收。没收的财物和罚金，一律上缴国库，不得挪用和自行处理。”

7.《中华人民共和国刑法》第六十五条第一款：“被判处有期徒刑以上刑罚的犯罪分子，刑罚执行完毕或者赦免以后，在五年以内再犯应当判处有期徒刑以上刑罚之罪的，是累犯，应当从重处罚，但是过失犯罪和不满十八周岁的人犯罪的除外。”

8.《中华人民共和国刑法》第六十七条第一款：“犯罪以后自动投案，如实供述自己的罪行的，是自首。对于自首的犯罪分子，可以从轻或者减轻处罚。其中，犯罪较轻的，可以免除处罚。”

9.《中华人民共和国刑法》第六十七条第三款：“犯罪嫌疑人虽不具有前两款规定的自首情节，但是如实供述自己罪行的，可以从轻处罚；因其如实供述自己罪行，避免特别严重后果发生的，可以减轻处罚。”

10.《中华人民共和国刑法》第七十二条：“对于被判处拘役、三年以下有期徒刑的犯罪分子，同时符合下列条件的，可以宣告缓刑，对其中不满十八周岁的人、怀孕的妇女和已满七十五周岁的人，应当宣告缓刑：（一）犯罪情节较轻；（二）有悔罪表现；（三）没有再犯罪的危险；（四）宣告缓刑对所居住社区没有重大不良影响。宣告缓刑，可以根据犯罪情况，同时禁止犯罪分子在缓刑考验期限内从事特定活动，进入特定区域、场所，接触特定的人。被宣告缓刑的犯罪分子，如果被判处附加刑，附加刑仍须执行。”

11.《中华人民共和国刑法》第七十三条第二款：“有期徒刑的缓刑考验期限为原判刑期以上五年以下，但是不能少于一年。”

12.《中华人民共和国刑法》第七十三条第三款：“缓刑考验

期限，从判决确定之日起计算。”

13.《中华人民共和国刑法》第三百三十八条：“违反国家规定，排放、倾倒或者处置有放射性的废物、含传染病病原体的废物、有毒物质或者其他有害物质，严重污染环境的，处三年以下有期徒刑或者拘役，并处或者单处罚金；情节严重的，处三年以上七年以下有期徒刑，并处罚金；有下列情形之一的，处七年以上有期徒刑，并处罚金：（一）在饮用水水源保护区、自然保护地核心保护区等依法确定的重点保护区域排放、倾倒、处置有放射性的废物、含传染病病原体的废物、有毒物质，情节特别严重的；（二）向国家确定的重要江河、湖泊水域排放、倾倒、处置有放射性的废物、含传染病病原体的废物、有毒物质，情节特别严重的；（三）致使大量永久基本农田基本功能丧失或者遭受永久性破坏的；（四）致使多人重伤、严重疾病，或者致人严重残疾、死亡的。有前款行为，同时构成其他犯罪的，依照处罚较重的规定定罪处罚。”

14.《中华人民共和国固体废物污染环境防治法》第八十五条：“造成固体废物污染环境的，应当排除危害，依法赔偿损失，并采取措施恢复环境原状。”

15.《中华人民共和国环境保护法》第六十四条：“因污染环境和破坏生态造成损害的，应当依照《中华人民共和国侵权责任法》的有关规定承担侵权责任。”

16.《中华人民共和国民法典》第一千二百二十九条：“因污染环境、破坏生态造成他人损害的，侵权人应当承担侵权责任。”

17.《中华人民共和国民法典》第一千二百三十条：“因污染环境、破坏生态发生纠纷，行为人应当就法律规定的不承担责任或者减轻责任的情形及其行为与损害之间不存在因果关系承担举证责任。”

18.《中华人民共和国民法典》第一千二百三十一条：“两个以上侵权人污染环境、破坏生态的，承担责任的大小，根据污染物的种类、浓度、排放量，破坏生态的方式、范围、程度，以及行为对损害后果所起的作用等因素确定。”

19.《中华人民共和国民法典》第一千二百三十二条：“侵权人违反法律规定故意污染环境、破坏生态造成严重后果的，被侵权人有权请求相应的惩罚性赔偿。”

20.《中华人民共和国民法典》第一千二百三十三条：“因第三人的过错污染环境、破坏生态的，被侵权人可以向侵权人请求赔偿，也可以向第三人请求赔偿。侵权人赔偿后，有权向第三人追偿。”

21.《中华人民共和国民法典》第一千二百三十四条：“违反国家规定造成生态环境损害，生态环境能够修复的，国家规定的机关或者法律规定的组织有权请求侵权人在合理期限内承担修复责任。侵权人在期限内未修复的，国家规定的机关或者法律规定的组织可以自行或者委托他人进行修复，所需费用由侵权人负担。”

22.《中华人民共和国民法典》第一千二百三十五条：“违反国家规定造成生态环境损害的，国家规定的机关或者法律规定的组织有权请求侵权人赔偿下列损失和费用：（一）生态环境受到损害至修复完成期间服务功能丧失导致的损失；（二）生态环境功能永久性损害造成的损失；（三）生态环境损害调查、鉴定评估等费用；（四）清除污染、修复生态环境费用；（五）防止损害的发生和扩大所支出的合理费用。”

23.《中华人民共和国刑事诉讼法》第一百零一条第二款：“如果是国家财产、集体财产遭受损失的，人民检察院在提起公诉的时候，可以提起附带民事诉讼。”

24.《中华人民共和国民事诉讼法》第五十五条：“对污染环境、侵害众多消费者合法权益等损害社会公共利益的行为，法律规定的机关和有关组织可以向人民法院提起诉讼。人民检察院在履行职责中发现破坏生态环境和资源保护、食品药品安全领域侵害众多消费者合法权益等损害社会公共利益的行为，在没有前款规定的机关和组织或者前款规定的机关和组织不提起诉讼的情况下，可以向人民法院提起诉讼。前款规定的机关或者组织提起诉讼的，人民检察院可以支持起诉。

二、最高人民法院　最高人民检察院《关于办理环境污染刑事案件适用法律若干问题的解释》

最高人民法院　最高人民检察院
关于办理环境污染刑事案件适用法律若干问题的解释

（2016年11月7日最高人民法院审判委员会第1698次会议、2016年12月8日最高人民检察院第十二届检察委员会第58次会议通过，自2017年1月1日起施行　法释〔2016〕29号）

为依法惩治有关环境污染犯罪，根据《中华人民共和国刑法》《中华人民共和国刑事诉讼法》的有关规定，现就办理此类刑事案件适用法律的若干问题解释如下：

第一条　实施刑法第三百三十八条规定的行为，具有下列情形之一的，应当认定为“严重污染环境”：

（一）在饮用水水源一级保护区、自然保护区核心区排放、倾倒、处置有放射性的废物、含传染病病原体的废物、有毒物质的；

（二）非法排放、倾倒、处置危险废物三吨以上的；

（三）排放、倾倒、处置含铅、汞、镉、铬、砷、铊、锑的污染物，超过国家或者地方污染物排放标准三倍以上的；

（四）排放、倾倒、处置含镍、铜、锌、银、钒、锰、钴的污染物，超过国家或者地方污染物排放标准十倍以上的；

（五）通过暗管、渗井、渗坑、裂隙、溶洞、灌注等逃避监管的方式排放、倾倒、处置有放射性的废物、含传染病病原体的废物、有毒物质的；

（六）二年内曾因违反国家规定，排放、倾倒、处置有放射性的废物、含传染病病原体的废物、有毒物质受过两次以上行政处罚，又实施前列行为的；

（七）重点排污单位篡改、伪造自动监测数据或者干扰自动监测设施，排放化学需氧量、氨氮、二氧化硫、氮氧化物等污染物的；

（八）违法减少防治污染设施运行支出一百万元以上的；

（九）违法所得或者致使公私财产损失三十万元以上的；

（十）造成生态环境严重损害的；

（十一）致使乡镇以上集中式饮用水水源取水中断十二小时以上的；

（十二）致使基本农田、防护林地、特种用途林地五亩以上，其他农用地十亩以上，其他土地二十亩以上基本功能丧失或者遭受永久性破坏的；

（十三）致使森林或者其他林木死亡五十立方米以上，或者幼树死亡二千五百株以上的；

（十四）致使疏散、转移群众五千人以上的；

（十五）致使三十人以上中毒的；

（十六）致使三人以上轻伤、轻度残疾或者器官组织损伤导致一般功能障碍的；

（十七）致使一人以上重伤、中度残疾或者器官组织损伤导致严重功能障碍的；

（十八）其他严重污染环境的情形。

第二条 实施刑法第三百三十九条、第四百零八条规定的行为，致使公私财产损失三十万元以上，或者具有本解释第一条第十项至第十七项规定情形之一的，应当认定为“致使公私财产遭受重大损失或者严重危害人体健康”或者“致使公私财产遭受重大损失或者造成人身伤亡的严重后果”。

第三条 实施刑法第三百三十八条、第三百三十九条规定的行为，具有下列情形之一的，应当认定为“后果特别严重”：

（一）致使县级以上城区集中式饮用水水源取水中断十二小时以上的；

（二）非法排放、倾倒、处置危险废物一百吨以上的；

（三）致使基本农田、防护林地、特种用途林地十五亩以上，其他农用地三十亩以上，其他土地六十亩以上基本功能丧失或者遭受永久性破坏的；

（四）致使森林或者其他林木死亡一百五十立方米以上，或者幼树死亡七千五百株以上的；

（五）致使公私财产损失一百万元以上的；

（六）造成生态环境特别严重损害的；

（七）致使疏散、转移群众一万五千人以上的；

（八）致使一百人以上中毒的；

（九）致使十人以上轻伤、轻度残疾或者器官组织损伤导致一般功能障碍的；

（十）致使三人以上重伤、中度残疾或者器官组织损伤导致严重功能障碍的；

（十一）致使一人以上重伤、中度残疾或者器官组织损伤导致严重功能障碍，并致使五人以上轻伤、轻度残疾或者器官组织损伤导致一般功能障碍的；

（十二）致使一人以上死亡或者重度残疾的；

（十三）其他后果特别严重的情形。

第四条　实施刑法第三百三十八条、第三百三十九条规定的犯罪行为，具有下列情形之一的，应当从重处罚：

（一）阻挠环境监督检查或者突发环境事件调查，尚不构成妨害公务等犯罪的；

（二）在医院、学校、居民区等人口集中地区及其附近，违反国家规定排放、倾倒、处置有放射性的废物、含传染病病原体的废物、有毒物质或者其他有害物质的；

（三）在重污染天气预警期间、突发环境事件处置期间或者被责令限期整改期间，违反国家规定排放、倾倒、处置有放射性的废物、含传染病病原体的废物、有毒物质或者其他有害物质的；

（四）具有危险废物经营许可证的企业违反国家规定排放、倾倒、处置有放射性的废物、含传染病病原体的废物、有毒物质或者其他有害物质的。

第五条　实施刑法第三百三十八条、第三百三十九条规定的行为，刚达到应当追究刑事责任的标准，但行为人及时采取措施，防止损失扩大、消除污染，全部赔偿损失，积极修复生态环境，且系初犯，确有悔罪表现的，可以认定为情节轻微，不起诉或者免予刑事处罚；确有必要判处刑罚的，应当从宽处罚。

第六条　无危险废物经营许可证从事收集、贮存、利用、处置危险废物经营活动，严重污染环境的，按照污染环境罪定罪处罚；同时构成非法经营罪的，依照处罚较重的规定定罪处罚。

实施前款规定的行为，不具有超标排放污染物、非法倾倒污染物或者其他违法造成环境污染的情形的，可以认定为非法经营情节显著轻微危害不大，不认为是犯罪；构成生产、销售伪劣产品等其他犯罪的，以其他犯罪论处。

第七条 明知他人无危险废物经营许可证，向其提供或者委托其收集、贮存、利用、处置危险废物，严重污染环境的，以共同犯罪论处。

第八条 违反国家规定，排放、倾倒、处置含有毒害性、放射性、传染病病原体等物质的污染物，同时构成污染环境罪、非法处置进口的固体废物罪、投放危险物质罪等犯罪的，依照处罚较重的规定定罪处罚。

第九条 环境影响评价机构或其人员，故意提供虚假环境影响评价文件，情节严重的，或者严重不负责任，出具的环境影响评价文件存在重大失实，造成严重后果的，应当依照刑法第二百二十九条、第二百三十一条的规定，以提供虚假证明文件罪或者出具证明文件重大失实罪定罪处罚。

第十条 违反国家规定，针对环境质量监测系统实施下列行为，或者强令、指使、授意他人实施下列行为的，应当依照刑法第二百八十六条的规定，以破坏计算机信息系统罪论处：

（一）修改参数或者监测数据的；

（二）干扰采样，致使监测数据严重失真的；

（三）其他破坏环境质量监测系统的行为。

重点排污单位篡改、伪造自动监测数据或者干扰自动监测设施，排放化学需氧量、氨氮、二氧化硫、氮氧化物等污染物，同时构成污染环境罪和破坏计算机信息系统罪的，依照处罚较重的规定定罪处罚。

从事环境监测设施维护、运营的人员实施或者参与实施篡改、伪造自动监测数据、干扰自动监测设施、破坏环境质量监测系统等行为的，应当从重处罚。

第十一条　单位实施本解释规定的犯罪的，依照本解释规定的定罪量刑标准，对直接负责的主管人员和其他直接责任人员定罪处罚，并对单位判处罚金。

第十二条　环境保护主管部门及其所属监测机构在行政执法过程中收集的监测数据，在刑事诉讼中可以作为证据使用。

公安机关单独或者会同环境保护主管部门，提取污染物样品进行检测获取的数据，在刑事诉讼中可以作为证据使用。

第十三条　对国家危险废物名录所列的废物，可以依据涉案物质的来源、产生过程、被告人供述、证人证言以及经批准或者备案的环境影响评价文件等证据，结合环境保护主管部门、公安机关等出具的书面意见作出认定。

对于危险废物的数量，可以综合被告人供述，涉案企业的生产工艺、物耗、能耗情况，以及经批准或者备案的环境影响评价文件等证据作出认定。

第十四条　对案件所涉的环境污染专门性问题难以确定的，依据司法鉴定机构出具的鉴定意见，或者国务院环境保护主管部门、公安部门指定的机构出具的报告，结合其他证据作出认定。

第十五条　下列物质应当认定为刑法第三百三十八条规定的“有毒物质”：

（一）危险废物，是指列入国家危险废物名录，或者根据国家规定的危险废物鉴别标准和鉴别方法认定的，具有危险特性的废物；

（二）《关于持久性有机污染物的斯德哥尔摩公约》附件所列物质；

（三）含重金属的污染物；

（四）其他具有毒性，可能污染环境的物质。

第十六条 无危险废物经营许可证，以营利为目的，从危险废物中提取物质作为原材料或者燃料，并具有超标排放污染物、非法倾倒污染物或者其他违法造成环境污染的情形的行为，应当认定为“非法处置危险废物”。

第十七条 本解释所称“二年内”，以第一次违法行为受到行政处罚的生效之日与又实施相应行为之日的时间间隔计算确定。

本解释所称“重点排污单位”，是指设区的市级以上人民政府环境保护主管部门依法确定的应当安装、使用污染物排放自动监测设备的重点监控企业及其他单位。

本解释所称“违法所得”，是指实施刑法第三百三十八条、第三百三十九条规定的行为所得和可得的全部违法收入。

本解释所称“公私财产损失”，包括实施刑法第三百三十八条、第三百三十九条规定的行为直接造成财产损毁、减少的实际价值，为防止污染扩大、消除污染而采取必要合理措施所产生的费用，以及处置突发环境事件的应急监测费用。

本解释所称“生态环境损害”，包括生态环境修复费用，生态环境修复期间服务功能的损失和生态环境功能永久性损害造成的损失，以及其他必要合理费用。

本解释所称“无危险废物经营许可证”，是指未取得危险废物经营许可证，或者超出危险废物经营许可证的经营范围。

第十八条 本解释自2017年1月1日起施行。本解释施行后，《最高人民法院、最高人民检察院关于办理环境污染刑事案件适用法律若干问题的解释》（法释〔2013〕15号）同时废止；之前发布的司法解释与本解释不一致的，以本解释为准。

三、最高人民法院《关于审理环境民事公益诉讼案件适用法律若干问题的解释》

最高人民法院关于审理环境民事公益诉讼案件适用法律若干问题的解释

（2014 年 12 月 8 日最高人民法院审判委员会第 1631 次会议通过　自 2015 年 1 月 7 日起施行　法释〔2015〕1 号）

为正确审理环境民事公益诉讼案件，根据《中华人民共和国民事诉讼法》《中华人民共和国侵权责任法》《中华人民共和国环境保护法》等法律的规定，结合审判实践，制定本解释。

第一条　法律规定的机关和有关组织依据民事诉讼法第五十五条、环境保护法第五十八条等法律的规定，对已经损害社会公共利益或者具有损害社会公共利益重大风险的污染环境、破坏生态的行为提起诉讼，符合民事诉讼法第一百一十九条第二项、第三项、第四项规定的，人民法院应予受理。

第二条　依照法律、法规的规定，在设区的市级以上人民政府民政部门登记的社会团体、民办非企业单位以及基金会等，可以认定为环境保护法第五十八条规定的社会组织。

第三条　设区的市，自治州、盟、地区，不设区的地级市，直辖市的区以上人民政府民政部门，可以认定为环境保护法第五十八条规定的“设区的市级以上人民政府民政部门”。

第四条 社会组织章程确定的宗旨和主要业务范围是维护社会公共利益，且从事环境保护公益活动的，可以认定为环境保护法第五十八条规定的“专门从事环境保护公益活动”。

社会组织提起的诉讼所涉及的社会公共利益，应与其宗旨和业务范围具有关联性。

第五条 社会组织在提起诉讼前五年内未因从事业务活动违反法律、法规的规定受过行政、刑事处罚的，可以认定为环境保护法第五十八条规定的“无违法记录”。

第六条 第一审环境民事公益诉讼案件由污染环境、破坏生态行为发生地、损害结果地或者被告住所地的中级以上人民法院管辖。

中级人民法院认为确有必要的，可以在报请高级人民法院批准后，裁定将本院管辖的第一审环境民事公益诉讼案件交由基层人民法院审理。

同一原告或者不同原告对同一污染环境、破坏生态行为分别向两个以上有管辖权的人民法院提起环境民事公益诉讼的，由最先立案的人民法院管辖，必要时由共同上级人民法院指定管辖。

第七条 经最高人民法院批准，高级人民法院可以根据本辖区环境和生态保护的实际情况，在辖区内确定部分中级人民法院受理第一审环境民事公益诉讼案件。

中级人民法院管辖环境民事公益诉讼案件的区域由高级人民法院确定。

第八条 提起环境民事公益诉讼应当提交下列材料：

（一）符合民事诉讼法第一百二十一条规定的起诉状，并按照被告人数提出副本；

（二）被告的行为已经损害社会公共利益或者具有损害社会公共利益重大风险的初步证明材料；

（三）社会组织提起诉讼的，应当提交社会组织登记证书、章程、起诉前连续五年的年度工作报告书或者年检报告书，以及由其法定代表人或者负责人签字并加盖公章的无违法记录的声明。

第九条　人民法院认为原告提出的诉讼请求不足以保护社会公共利益的，可以向其释明变更或者增加停止侵害、恢复原状等诉讼请求。

第十条　人民法院受理环境民事公益诉讼后，应当在立案之日起五日内将起诉状副本发送被告，并公告案件受理情况。

有权提起诉讼的其他机关和社会组织在公告之日起三十日内申请参加诉讼，经审查符合法定条件的，人民法院应当将其列为共同原告；逾期申请的，不予准许。

公民、法人和其他组织以人身、财产受到损害为由申请参加诉讼的，告知其另行起诉。

第十一条　检察机关、负有环境保护监督管理职责的部门及其他机关、社会组织、企业事业单位依据民事诉讼法第十五条的规定，可以通过提供法律咨询、提交书面意见、协助调查取证等方式支持社会组织依法提起环境民事公益诉讼。

第十二条　人民法院受理环境民事公益诉讼后，应当在十日内告知对被告行为负有环境保护监督管理职责的部门。

第十三条　原告请求被告提供其排放的主要污染物名称、排放方式、排放浓度和总量、超标排放情况以及防治污染设施的建设和运行情况等环境信息，法律、法规、规章规定被告应当持有或者有证据证明被告持有而拒不提供，如果原告主张相关事实不利于被告的，人民法院可以推定该主张成立。

第十四条 对于审理环境民事公益诉讼案件需要的证据，人民法院认为必要的，应当调查收集。

对于应当由原告承担举证责任且为维护社会公共利益所必要的专门性问题，人民法院可以委托具备资格的鉴定人进行鉴定。

第十五条 当事人申请通知有专门知识的人出庭，就鉴定人作出的鉴定意见或者就因果关系、生态环境修复方式、生态环境修复费用以及生态环境受到损害至恢复原状期间服务功能的损失等专门性问题提出意见的，人民法院可以准许。

前款规定的专家意见经质证，可以作为认定事实的根据。

第十六条 原告在诉讼过程中承认的对己方不利的事实和认可的证据，人民法院认为损害社会公共利益的，应当不予确认。

第十七条 环境民事公益诉讼案件审理过程中，被告以反诉方式提出诉讼请求的，人民法院不予受理。

第十八条 对污染环境、破坏生态，已经损害社会公共利益或者具有损害社会公共利益重大风险的行为，原告可以请求被告承担停止侵害、排除妨碍、消除危险、恢复原状、赔偿损失、赔礼道歉等民事责任。

第十九条 原告为防止生态环境损害的发生和扩大，请求被告停止侵害、排除妨碍、消除危险的，人民法院可以依法予以支持。

原告为停止侵害、排除妨碍、消除危险采取合理预防、处置措施而发生的费用，请求被告承担的，人民法院可以依法予以支持。

第二十条 原告请求恢复原状的，人民法院可以依法判决被告将生态环境修复到损害发生之前的状态和功能。无法完全修复的，可以准许采用替代性修复方式。

人民法院可以在判决被告修复生态环境的同时，确定被告不履行修复义务时应承担的生态环境修复费用；也可以直接判决被告承担生态环境修复费用。

生态环境修复费用包括制定、实施修复方案的费用和监测、监管等费用。

第二十一条　原告请求被告赔偿生态环境受到损害至恢复原状期间服务功能损失的，人民法院可以依法予以支持。

第二十二条　原告请求被告承担检验、鉴定费用，合理的律师费以及为诉讼支出的其他合理费用的，人民法院可以依法予以支持。

第二十三条　生态环境修复费用难以确定或者确定具体数额所需鉴定费用明显过高的，人民法院可以结合污染环境、破坏生态的范围和程度、生态环境的稀缺性、生态环境恢复的难易程度、防治污染设备的运行成本、被告因侵害行为所获得的利益以及过错程度等因素，并可以参考负有环境保护监督管理职责的部门的意见、专家意见等，予以合理确定。

第二十四条　人民法院判决被告承担的生态环境修复费用、生态环境受到损害至恢复原状期间服务功能损失等款项，应当用于修复被损害的生态环境。

其他环境民事公益诉讼中败诉原告所需承担的调查取证、专家咨询、检验、鉴定等必要费用，可以酌情从上述款项中支付。

第二十五条　环境民事公益诉讼当事人达成调解协议或者自行达成和解协议后，人民法院应当将协议内容公告，公告期间不少于三十日。

公告期满后，人民法院审查认为调解协议或者和解协议的内容不损害社会公共利益的，应当出具调解书。当事人以达成和解协议为由申请撤诉的，不予准许。

调解书应当写明诉讼请求、案件的基本事实和协议内容，并应当公开。

第二十六条 负有环境保护监督管理职责的部门依法履行监管职责而使原告诉讼请求全部实现，原告申请撤诉的，人民法院应予准许。

第二十七条 法庭辩论终结后，原告申请撤诉的，人民法院不予准许，但本解释第二十六条规定的情形除外。

第二十八条 环境民事公益诉讼案件的裁判生效后，有权提起诉讼的其他机关和社会组织就同一污染环境、破坏生态行为另行起诉，有下列情形之一的，人民法院应予受理：

（一）前案原告的起诉被裁定驳回的；

（二）前案原告申请撤诉被裁定准许的，但本解释第二十六条规定的情形除外。

环境民事公益诉讼案件的裁判生效后，有证据证明存在前案审理时未发现的损害，有权提起诉讼的机关和社会组织另行起诉的，人民法院应予受理。

第二十九条 法律规定的机关和社会组织提起环境民事公益诉讼的，不影响因同一污染环境、破坏生态行为受到人身、财产损害的公民、法人和其他组织依据民事诉讼法第一百一十九条的规定提起诉讼。

第三十条 已为环境民事公益诉讼生效裁判认定的事实，因同一污染环境、破坏生态行为依据民事诉讼法第一百一十九条规定提起诉讼的原告、被告均无需举证证明，但原告对该事实有异议并有相反证据足以推翻的除外。

对于环境民事公益诉讼生效裁判就被告是否存在法律规定的不承担责任或者减轻责任的情形、行为与损害之间是否存在因果关系、被告承担责任的大小等所作的认定，因同一污染环境、破坏生态行为依据民事诉讼法第一百一十九条规定提起诉讼的原告主张适用的，人民法院应予支持，但被告有相反证据足以推翻的除外。被告主张直接适用对其有利的认定的，人民法院不予支持，被告仍应举证证明。

第三十一条　被告因污染环境、破坏生态在环境民事公益诉讼和其他民事诉讼中均承担责任，其财产不足以履行全部义务的，应当先履行其他民事诉讼生效裁判所确定的义务，但法律另有规定的除外。

第三十二条　发生法律效力的环境民事公益诉讼案件的裁判，需要采取强制执行措施的，应当移送执行。

第三十三条　原告交纳诉讼费用确有困难，依法申请缓交的，人民法院应予准许。

败诉或者部分败诉的原告申请减交或者免交诉讼费用的，人民法院应当依照《诉讼费用交纳办法》的规定，视原告的经济状况和案件的审理情况决定是否准许。

第三十四条　社会组织有通过诉讼违法收受财物等牟取经济利益行为的，人民法院可以根据情节轻重依法收缴其非法所得、予以罚款；涉嫌犯罪的，依法移送有关机关处理。

社会组织通过诉讼牟取经济利益的，人民法院应当向登记管理机关或者有关机关发送司法建议，由其依法处理。

第三十五条　本解释施行前最高人民法院发布的司法解释和规范性文件，与本解释不一致的，以本解释为准。

四、最高人民法院《关于审理环境侵权责任纠纷案件适用法律若干问题的解释》

最高人民法院关于审理环境侵权责任纠纷案件适用法律若干问题的解释

（2015 年 2 月 9 日最高人民法院审判委员会第 1644 次会议通过，自 2015 年 6 月 3 日起施行　法释〔2015〕12 号）

为正确审理环境侵权责任纠纷案件，根据《中华人民共和国侵权责任法》《中华人民共和国环境保护法》《中华人民共和国民事诉讼法》等法律的规定，结合审判实践，制定本解释。

第一条　因污染环境造成损害，不论污染者有无过错，污染者应当承担侵权责任。污染者以排污符合国家或者地方污染物排放标准为由主张不承担责任的，人民法院不予支持。

污染者不承担责任或者减轻责任的情形，适用海洋环境保护法、水污染防治法、大气污染防治法等环境保护单行法的规定；相关环境保护单行法没有规定的，适用侵权责任法的规定。

第二条　两个以上污染者共同实施污染行为造成损害，被侵权人根据侵权责任法第八条规定请求污染者承担连带责任的，人民法院应予支持。

第三条　两个以上污染者分别实施污染行为造成同一损害，

每一个污染者的污染行为都足以造成全部损害，被侵权人根据侵权责任法第十一条规定请求污染者承担连带责任的，人民法院应予支持。

两个以上污染者分别实施污染行为造成同一损害，每一个污染者的污染行为都不足以造成全部损害，被侵权人根据侵权责任法第十二条规定请求污染者承担责任的，人民法院应予支持。

两个以上污染者分别实施污染行为造成同一损害，部分污染者的污染行为足以造成全部损害，部分污染者的污染行为只造成部分损害，被侵权人根据侵权责任法第十一条规定请求足以造成全部损害的污染者与其他污染者就共同造成的损害部分承担连带责任，并对全部损害承担责任的，人民法院应予支持。

第四条　两个以上污染者污染环境，对污染者承担责任的大小，人民法院应当根据污染物的种类、排放量、危害性以及有无排污许可证、是否超过污染物排放标准、是否超过重点污染物排放总量控制指标等因素确定。

第五条　被侵权人根据侵权责任法第六十八条规定分别或者同时起诉污染者、第三人的，人民法院应予受理。

被侵权人请求第三人承担赔偿责任的，人民法院应当根据第三人的过错程度确定其相应赔偿责任。

污染者以第三人的过错污染环境造成损害为由主张不承担责任或者减轻责任的，人民法院不予支持。

第六条　被侵权人根据侵权责任法第六十五条规定请求赔偿的，应当提供证明以下事实的证据材料：

（一）污染者排放了污染物；

（二）被侵权人的损害；

（三）污染者排放的污染物或者其次生污染物与损害之间具

有关联性。

第七条 污染者举证证明下列情形之一的，人民法院应当认定其污染行为与损害之间不存在因果关系：

（一）排放的污染物没有造成该损害可能的；

（二）排放的可造成该损害的污染物未到达该损害发生地的；

（三）该损害于排放污染物之前已发生的；

（四）其他可以认定污染行为与损害之间不存在因果关系的情形。

第八条 对查明环境污染案件事实的专门性问题，可以委托具备相关资格的司法鉴定机构出具鉴定意见或者由国务院环境保护主管部门推荐的机构出具检验报告、检测报告、评估报告或者监测数据。

第九条 当事人申请通知一至两名具有专门知识的人出庭，就鉴定意见或者污染物认定、损害结果、因果关系等专业问题提出意见的，人民法院可以准许。当事人未申请，人民法院认为有必要的，可以进行释明。

具有专门知识的人在法庭上提出的意见，经当事人质证，可以作为认定案件事实的根据。

第十条 负有环境保护监督管理职责的部门或者其委托的机构出具的环境污染事件调查报告、检验报告、检测报告、评估报告或者监测数据等，经当事人质证，可以作为认定案件事实的根据。

第十一条 对于突发性或者持续时间较短的环境污染行为，在证据可能灭失或者以后难以取得的情况下，当事人或者利害关系人根据民事诉讼法第八十一条规定申请证据保全的，人民法院应当准许。

第十二条　被申请人具有环境保护法第六十三条规定情形之一，当事人或者利害关系人根据民事诉讼法第一百条或者第一百零一条规定申请保全的，人民法院可以裁定责令被申请人立即停止侵害行为或者采取污染防治措施。

第十三条　人民法院应当根据被侵权人的诉讼请求以及具体案情，合理判定污染者承担停止侵害、排除妨碍、消除危险、恢复原状、赔礼道歉、赔偿损失等民事责任。

第十四条　被侵权人请求恢复原状的，人民法院可以依法裁判污染者承担环境修复责任，并同时确定被告不履行环境修复义务时应当承担的环境修复费用。

污染者在生效裁判确定的期限内未履行环境修复义务的，人民法院可以委托其他人进行环境修复，所需费用由污染者承担。

第十五条　被侵权人起诉请求污染者赔偿因污染造成的财产损失、人身损害以及为防止污染扩大、消除污染而采取必要措施所支出的合理费用的，人民法院应予支持。

第十六条　下列情形之一，应当认定为环境保护法第六十五条规定的弄虚作假：

（一）环境影响评价机构明知委托人提供的材料虚假而出具严重失实的评价文件的；

（二）环境监测机构或者从事环境监测设备维护、运营的机构故意隐瞒委托人超过污染物排放标准或者超过重点污染物排放总量控制指标的事实的；

（三）从事防治污染设施维护、运营的机构故意不运行或者不正常运行环境监测设备或者防治污染设施的；

（四）有关机构在环境服务活动中其他弄虚作假的情形。

第十七条　被侵权人提起诉讼，请求污染者停止侵害、排除妨碍、消除危险的，不受环境保护法第六十六条规定的时效期间的限制。

第十八条 本解释适用于审理因污染环境、破坏生态造成损害的民事案件，但法律和司法解释对环境民事公益诉讼案件另有规定的除外。

相邻污染侵害纠纷、劳动者在职业活动中因受污染损害发生的纠纷，不适用本解释。

第十九条 本解释施行后，人民法院尚未审结的一审、二审案件适用本解释规定。本解释施行前已经作出生效裁判的案件，本解释施行后依法再审的，不适用本解释。

本解释施行后，最高人民法院以前颁布的司法解释与本解释不一致的，不再适用。

五、最高人民法院　最高人民检察院　公安部　司法部　生态环境部印发《关于办理环境污染刑事案件有关问题座谈会纪要》的通知

各省、自治区、直辖市高级人民法院、人民检察院、公安厅（局）、司法厅（局）、生态环境厅（局），解放军军事法院、解放军军事检察院，新疆维吾尔自治区高级人民法院生产建设兵团分院，新疆生产建设兵团人民检察院、公安局、司法局、环境保护局：

为深入学习贯彻习近平生态文明思想，认真落实党中央重大决策部署和全国人大常委会决议要求，全力参与和服务保障打好污染防治攻坚战，推进生态文明建设，形成各部门依法惩治环境污染犯罪的合力，2018 年 12 月，最高人民法院、最高人民检察院、公安部、司法部、生态环境部在北京联合召开座谈会。会议交流了当前办理环境污染刑事案件的工作情况，分析了遇到的突出困难和问题，研究了解决措施，对办理环境污染刑事案件中的有关问题形成了统一认识。现将会议纪要印发，请认真组织学习，并在工作中遵照执行。执行中遇到的重大问题，请及时向最高人民法院、最高人民检察院、公安部、司法部、

生态环境部请示报告。

最高人民法院　最高人民检察院
公安部　司法部　生态环境部
2019 年 2 月 20 日

最高人民法院　最高人民检察院　公安部　司法部　生态环境部《关于办理环境污染刑事案件有关问题座谈会纪要》

2018 年 6 月 16 日，中共中央、国务院发布《关于全面加强生态环境保护坚决打好污染防治攻坚战的意见》。7 月 10 日，全国人民代表大会常务委员会通过了《关于全面加强生态环境保护依法推动打好污染防治攻坚战的决议》。为深入学习贯彻习近平生态文明思想，认真落实党中央重大决策部署和全国人大常委会决议要求，全力参与和服务保障打好污染防治攻坚战，推进生态文明建设，形成各部门依法惩治环境污染犯罪的合力，2018 年 12 月，最高人民法院、最高人民检察院、公安部、司法部、生态环境部在北京联合召开座谈会。会议交流了当前办理环境污染刑事案件的工作情况，分析了遇到的突出困难和问题，研究了解决措施。会议对办理环境污染刑事案件中的有关问题形成了统一认识。纪要如下：

一

会议指出，2018 年 5 月 18 日至 19 日，全国生态环境保护大会在北京胜利召开，习近平总书记出席会议并发表重要讲话，着眼人民福祉和民族未来，从党和国家事业发展全局出发，全面总结党的十八大以来我国生态文明建设和生态环境保护工作取得的历史性成就、发生的历史性变革，深刻阐述加强生态文明建设的重大意义，明确提出加强生态文明建设必须坚持的重要原则，对加强生态环境保护、打好污染防治攻坚战作出了全面部署。这次大会最大的亮点，就是确立了习近平生态文明思想。习近平生态文明思想站在坚持和发展中国特色社会主义、实现中华民族伟大复兴中国梦的战略高度，把生态文明建设摆在治国理政的突出位置，作为统筹推进“五位一体”总体布局和协调推进“四个全面”战略布局的重要内容，深刻回答了为什么建设生态文明、建设什么样的生态文明、怎样建设生态文明的重大理论和实践问题，是习近平新时代中国特色社会主义思想的重要组成部分。各部门要认真学习、深刻领会、全面贯彻习近平生态文明思想，将其作为生态环境行政执法和司法办案的行动指南和根本遵循，为守护绿水青山蓝天、建设美丽中国提供有力保障。

会议强调，打好防范化解重大风险、精准脱贫、污染防治的攻坚战，是以习近平同志为核心的党中央深刻分析国际国内形势，着眼党和国家事业发展全局作出的重大战略部署，对于夺取全面建成小康社会伟大胜利、开启全面建设社会主义现代化强国新征程具有重大的现实意义和深远的历史意义。服从服务党和国家工作大局，充分发挥职能作用，努力为打好打赢三大攻坚战提供优质法治环境和司法保障，是当前和今后一个时期人民法院、人民检察院、公安机关、司法行政机关、生态环境部门的重点任务。

会议指出，2018 年 12 月 19 日至 21 日召开的中央经济工作会议要求，打好污染防治攻坚战，要坚守阵地、巩固成果，聚焦做好打赢蓝天保卫战等工作，加大工作和投入力度，同时要统筹兼顾，避免处置措施简单粗暴。各部门要认真领会会议精神，紧密结合实际，强化政治意识、大局意识和责任担当，以加大办理环境污染刑事案件工作力度作为切入点和着力点，主动调整工作思路，积极谋划工作举措，既要全面履职、积极作为，又要综合施策、精准发力，保障污染防治攻坚战顺利推进。

二

会议要求，各部门要正确理解和准确适用刑法和《最高人民法院、最高人民检察院关于办理环境污染刑事案件适用法律若干问题的解释》（法释〔2016〕29 号，以下称《环境解释》）的规定，坚持最严格的环保司法制度、最严密的环保法治理念，统一执法司法尺度，加大对环境污染犯罪的惩治力度。

1. 关于单位犯罪的认定

会议针对一些地方存在追究自然人犯罪多，追究单位犯罪少，单位犯罪认定难的情况和问题进行了讨论。会议认为，办理环境污染犯罪案件，认定单位犯罪时，应当依法合理把握追究刑事责任的范围，贯彻宽严相济刑事政策，重点打击出资者、经营者和主要获利者，既要防止不当缩小追究刑事责任的人员范围，又要防止打击面过大。

为了单位利益，实施环境污染行为，并具有下列情形之一的，应当认定为单位犯罪：（1）经单位决策机构按照决策程序决定的；（2）经单位实际控制人、主要负责人或者授权的分管负责人决定、同意的；（3）单位实际控制人、主要负责人或者授权的分管负责人得知单位成员个人实施环境污染犯罪行为，并未加以制止或者及时采取措施，而是予以追认、纵容或者默许的；（4）使用单位营业执照、合同书、公章、印鉴等对外开展活动，并调用单位车辆、船舶、生产设备、原辅材料等实施环境污染犯罪行为的。

单位犯罪中的“直接负责的主管人员”，一般是指对单位犯罪起决定、批准、组织、策划、指挥、授意、纵容等作用的主管人员，包括单位实际控制人、主要负责人或者授权的分管负责人、高级管理人员等；“其他直接责任人员”，一般是指在直接负责的主管人员的指挥、授意下积极参与实施单位犯罪或者对具体实施单位犯罪起较大作用的人员。

对于应当认定为单位犯罪的环境污染犯罪案件，公安机关未作为单位犯罪移送审查起诉的，人民检察院应当退回公安机关补充侦查。对于应当认定为单位犯罪的环境污染犯罪案件，人民检察院只作为自然人犯罪起诉的，人民法院应当建议人民检察院对犯罪单位补充起诉。

2. 关于犯罪未遂的认定

会议针对当前办理环境污染犯罪案件中，能否认定污染环境罪（未遂）的问题进行了讨论。会议认为，当前环境执法工作形势比较严峻，一些行为人拒不配合执法检查、接受检查时弄虚作假、故意逃避法律追究的情形时有发生，因此对于行为人已经着手实施非法排放、倾倒、处置有毒有害污染物的行为，由于有关部门查处或者其他意志以外的原因未得逞的情形，可以污染环境罪（未遂）追究刑事责任。

3. 关于主观过错的认定

会议针对当前办理环境污染犯罪案件中，如何准确认定犯罪嫌疑人、被告人主观过错的问题进行了讨论。会议认为，判断犯罪嫌疑人、被告人是否具有环境污染犯罪的故意，应当依据犯罪嫌疑人、被告人的任职情况、职业经历、专业背景、培训经历、本人因同类行为受到行政处罚或者刑事追究情况以及污染物种类、污染方式、资金流向等证据，结合其供述，进行综合分析判断。

实践中，具有下列情形之一，犯罪嫌疑人、被告人不能作出合理解释的，可以认定其故意实施环境污染犯罪，但有证据证明确系不知情的除外：(1) 企业没有依法通过环境影响评价，或者未依法取得排污许可证，排放污染物，或者已经通过环境影响评价并且防治污染设施验收合格后，擅自更改工艺流程、原辅材料，导致产生新的污染物质的；(2) 不使用验收合格的防治污染设施或者不按规范要求使用的；(3) 防治污染设施发生故障，发现后不及时排除，继续生产放任污染物排放的；(4) 生态环境部门责令限制生产、停产整治或者予以行政处罚后，继续生产放任污染物排放的；(5) 将危险废物委托第三方处置，没有尽到查验经营许可的义务，或者委托处置费用明显低于市场价格或者处置成本的；(6) 通过暗管、渗井、渗坑、裂隙、溶洞、灌注等逃避监管的方式排放污染物的；(7) 通过篡改、伪造监测数据的方式排放污染物的；(8) 其他足以认定的情形。

4. 关于生态环境损害标准的认定

会议针对如何适用《环境解释》第一条、第三条规定的“造成生态环境严重损害的”“造成生态环境特别严重损害的”定罪量刑标准进行了讨论。会议指出，生态环境损害赔偿制度是生态文明制度体系的重要组成部分。党中央、国务院高度重视生态环境损害赔偿工作，党的十八届三中全会明确提出对造成生态环境损害的责任者严格实行赔偿制度。2015 年，中央办公厅、国务院办公厅印发《生态环境损害赔偿制度改革试点方案》（中办发〔2015〕57 号），在吉林等 7 个省市部署开展改革试点，取得明显成效。2017年，中央办公厅、国务院办公厅印发《生态环境损害赔偿制度改革方案》（中办发〔2017〕68号），在全国范围内试行生态环境损害赔偿制度。

会议指出，《环境解释》将造成生态环境损害规定为污染环境罪的定罪量刑标准之一，是为了与生态环境损害赔偿制度实现衔接配套，考虑到该制度尚在试行过程中，《环境解释》作了较原则的规定。司法实践中，一些省市结合本地区工作实际制定了具体标准。会议认为，在生态环境损害赔偿制度试行阶段，全国各省（自治区、直辖市）可以结合本地实际情况，因地制宜，因时制宜，根据案件具体情况准确认定"造成生态环境严重损害"和"造成生态环境特别严重损害"。

5. 关于非法经营罪的适用

会议针对如何把握非法经营罪与污染环境罪的关系以及如何具体适用非法经营罪的问题进行了讨论。会议强调，要高度重视非法经营危险废物案件的办理，坚持全链条、全环节、全流程对非法排放、倾倒、处置、经营危险废物的产业链进行刑事打击，查清犯罪网络，深挖犯罪源头，斩断利益链条，不断挤压和铲除此类犯罪滋生蔓延的空间。

会议认为，准确理解和适用《环境解释》第六条的规定应当注意把握两个原则：一要坚持实质判断原则，对行为人非法经营危险废物行为的社会危害性作实质性判断。比如，一些单位或者个人虽未依法取得危险废物经营许可证，但其收集、贮存、利用、处置危险废物经营活动，没有超标排放污染物、非法倾倒污染物或者其他违法造成环境污染情形的，则不宜以非法经营罪论处。二要坚持综合判断原则，对行为人非法经营危险废物行为根据其在犯罪链条中的地位、作用综合判断其社会危害性。比如，有证据证明单位或者个人的无证经营危险废物行为属于危险废物非法经营产业链的一部分，并且已经形成了分工负责、利益均沾、相对固定的犯罪链条，如果行为人或者与其联系紧密的上游或者下游环节具有排放、倾倒、处置危险废物违法造成环境污染的情形，且交易价格明显异常的，对行为人可以根据案件具体情况在污染环境罪和非法经营罪中，择一重罪处断。

6. 关于投放危险物质罪的适用

会议强调，目前我国一些地方环境违法犯罪活动高发多发，刑事处罚威慑力不强的问题仍然突出，现阶段在办理环境污染犯罪案件时必须坚决贯彻落实中央领导同志关于重典治理污染的指示精神，把刑法和《环境解释》的规定用足用好，形成对环境污染违法犯罪的强大震慑。

会议认为，司法实践中对环境污染行为适用投放危险物质罪追究刑事责任时，应当重点审查判断行为人的主观恶性、污染行为恶劣程度、污染物的毒害性危险性、污染持续时间、污染结果是否可逆、是否对公共安全造成现实、具体、明确的危险或者危害等各方面因素。对于行为人明知其排放、倾倒、处置的污染物含有毒害性、放射性、传染病病原体等危险物质，仍实施环境污染行为放任其危害公共安全，造成重大人员伤亡、重大公私财产损失等严重后果，以污染环境罪论处明显不足以罚当其罪的，可以按投放危险物质罪定罪量刑。实践中，此类情形主要是向饮用水水源保护区，饮用水供水单位取水口和出水口，南水北调水库、干渠、涵洞等配套工程，重要渔业水体以及自然保护区核心区等特殊保护区域，排放、倾倒、处置毒害性极强的污染物，危害公共安全并造成严重后果的情形。

7. 关于涉大气污染环境犯罪的处理

会议针对涉大气污染环境犯罪的打击处理问题进行了讨论。会议强调，打赢蓝天保卫战是打好污染防治攻坚战的重中之重。各级人民法院、人民检察院、公安机关、生态环境部门要认真分析研究全国人大常委会大气污染防治法执法检查发现的问题和提出的建议，不断加大对涉大气污染环境犯罪的打击力度，毫不动摇地以法律武器治理污染，用法治力量保卫蓝天，推动解决人民群众关注的突出大气环境问题。

会议认为，司法实践中打击涉大气污染环境犯罪，要抓住关键问题，紧盯薄弱环节，突出打击重点。对重污染天气预警期间，违反国家规定，超标排放二氧化硫、氮氧化物，受过行政处罚后又实施上述行为或者具有其他严重情节的，可以适用《环境解释》第一条第十八项规定的“其他严重污染环境的情形”追究刑事责任。

8. 关于非法排放、倾倒、处置行为的认定

会议针对如何准确认定环境污染犯罪中非法排放、倾倒、处置行为进行了讨论。会议认为，司法实践中认定非法排放、倾倒、处置行为时，应当根据《固体废物污染环境防治法》和《环境解释》的有关规定精神，从其行为方式是否违反国家规定或者行业操作规范、污染物是否与外环境接触、是否造成环境污染的危险或者危害等方面进行综合分析判断。对名为运输、贮存、利用，实为排放、倾倒、处置的行为应当认定为非法排放、倾倒、处置行为，可以依法追究刑事责任。比如，未采取相应防范措施将没有利用价值的危险废物长期贮存、搁置，放任危险废物或者其有毒有害成分大量扬散、流失、泄漏、挥发，污染环境的。

9. 关于有害物质的认定

会议针对如何准确认定刑法第三百三十八条规定的“其他有

害物质”的问题进行了讨论。会议认为，办理非法排放、倾倒、处置其他有害物质的案件，应当坚持主客观相一致原则，从行为人的主观恶性、污染行为恶劣程度、有害物质危险性毒害性等方面进行综合分析判断，准确认定其行为的社会危害性。实践中，常见的有害物质主要有：工业危险废物以外的其他工业固体废物；未经处理的生活垃圾；有害大气污染物、受控消耗臭氧层物质和有害水污染物；在利用和处置过程中必然产生有毒有害物质的其他物质；国务院生态环境保护主管部门会同国务院卫生主管部门公布的有毒有害污染物名录中的有关物质等。

10. 关于从重处罚情形的认定

会议强调，要坚决贯彻党中央推动长江经济带发展的重大决策，为长江经济带共抓大保护、不搞大开发提供有力的司法保障。实践中，对于发生在长江经济带十一省（直辖市）的下列环境污染犯罪行为，可以从重处罚：(1) 跨省（直辖市）排放、倾倒、处置有放射性的废物、含传染病病原体的废物、有毒物质或者其他有害物质的；(2) 向国家确定的重要江河、湖泊或者其他跨省（直辖市）江河、湖泊排放、倾倒、处置有放射性的废物、含传染病病原体的废物、有毒物质或者其他有害物质的。

11. 关于严格适用不起诉、缓刑、免予刑事处罚

会议针对当前办理环境污染犯罪案件中如何严格适用不起诉、缓刑、免予刑事处罚的问题进行了讨论。会议强调，环境污染犯罪案件的刑罚适用直接关系加强生态环境保护打好污染防治攻坚战的实际效果。各级人民法院、人民检察院要深刻认识环境污染犯罪的严重社会危害性，正确贯彻宽严相济刑事政策，充分发挥刑罚的惩治和预防功能。要在全面把握犯罪事实和量刑情节的基础上严格依照刑法和刑事诉讼法规定的条件适用不起诉、缓

刑、免予刑事处罚，既要考虑从宽情节，又要考虑从严情节；既要做到刑罚与犯罪相当，又要做到刑罚执行方式与犯罪相当，切实避免不起诉、缓刑、免予刑事处罚不当适用造成的消极影响。

会议认为，具有下列情形之一的，一般不适用不起诉、缓刑或者免予刑事处罚：（1）不如实供述罪行的；（2）属于共同犯罪中情节严重的主犯的；（3）犯有数个环境污染犯罪依法实行并罚或者以一罪处理的；（4）曾因环境污染违法犯罪行为受过行政处罚或者刑事处罚的；（5）其他不宜适用不起诉、缓刑、免予刑事处罚的情形。

会议要求，人民法院审理环境污染犯罪案件拟适用缓刑或者免予刑事处罚的，应当分析案发前后的社会影响和反映，注意听取控辩双方提出的意见。对于情节恶劣、社会反映强烈的环境污染犯罪，不得适用缓刑、免予刑事处罚。人民法院对判处缓刑的被告人，一般应当同时宣告禁止令，禁止其在缓刑考验期内从事与排污或者处置危险废物有关的经营活动。生态环境部门根据禁止令，对上述人员担任实际控制人、主要负责人或者高级管理人员的单位，依法不得发放排污许可证或者危险废物经营许可证。

三

会议要求，各部门要认真执行《环境解释》和原环境保护部、公安部、最高人民检察院《环境保护行政执法与刑事司法衔接工作办法》（环环监〔2017〕17号）的有关规定，进一步理顺部门职责，畅通衔接渠道，建立健全环境行政执法与刑事司法衔接的长效工作机制。

12. 关于管辖的问题

会议针对环境污染犯罪案件的管辖问题进行了讨论。会议认为，实践中一些环境污染犯罪案件属于典型的跨区域刑事案件，容易存在管辖不明或者有争议的情况，各级人民法院、人民检察院、公安机关要加强沟通协调，共同研究解决。

会议提出，跨区域环境污染犯罪案件由犯罪地的公安机关管辖。如果由犯罪嫌疑人居住地的公安机关管辖更为适宜的，可以由犯罪嫌疑人居住地的公安机关管辖。犯罪地包括环境污染行为发生地和结果发生地。“环境污染行为发生地”包括环境污染行为的实施地以及预备地、开始地、途经地、结束地以及排放、倾倒污染物的车船停靠地、始发地、途经地、到达地等地点；环境污染行为有连续、持续或者继续状态的，相关地方都属于环境污染行为发生地。“环境污染结果发生地”包括污染物排放地、倾倒地、堆放地、污染发生地等。

多个公安机关都有权立案侦查的，由最初受理的或者主要犯罪地的公安机关立案侦查，管辖有争议的，按照有利于查清犯罪事实、有利于诉讼的原则，由共同的上级公安机关协调确定的公安机关立案侦查，需要提请批准逮捕、移送审查起诉、提起公诉的，由该公安机关所在地的人民检察院、人民法院受理。

13. 关于危险废物的认定

会议针对危险废物如何认定以及是否需要鉴定的问题进行了讨论。会议认为，根据《环境解释》的规定精神，对于列入《国家危险废物名录》的，如果来源和相应特征明确，司法人员根据自身专业技术知识和工作经验认定难度不大的，司法机关可以依据名录直接认定。对于来源和相应特征不明确的，由生态环境部门、公安机关等出具书面意见，司法机关可以依据涉案物质的来源、产生过程、被告人供述、证人证言以及经批准或者备案的环境影响评价文件等证据，结合上述书面意见作出是否属于危险废物的认定。对于需要生态环境部门、公安机关等出具书面认定意见的，区分下列情况分别处理：（1）对已确认固体废物产生单位，且产废单位环评文件中明确为危险废物的，根据产废单位建设项目环评文件和审批、验收意见、案件笔录等材料，可对照《国家危险废物名录》等出具认定意见。（2）对已确认固体废物产生单位，但产废单位环评文件中未明确为危险废物的，应进一步分析废物产生工艺，对照判断其是否列入《国家危险废物名录》。列入名录的可以直接出具认定意见；未列入名录的，应根据原辅材料、产生工艺等进一步分析其是否具有危险特性，不可能具有危险特性的，不属于危险废物；可能具有危险特性的，抽取典型样品进行检测，并根据典型样品检测指标浓度，对照《危险废物鉴别标准》（GB5085.1-7）出具认定意见。（3）对固体废物产生单位无法确定的，应抽取典型样品进行检测，根据典型样品检测指标浓度，对照《危险废物鉴别标准》（GB5085.1-7）出具认定意见。对确需进一步委托有相关资质的检测鉴定机构进行检测鉴定的，生态环境部门或者公安机关按照有关规定开展检测鉴定工作。

14. 关于鉴定的问题

会议指出，针对当前办理环境污染犯罪案件中存在的司法鉴定有关问题，司法部将会同生态环境部，加快准入一批诉讼急需、社会关注的环境损害司法鉴定机构，加快对环境损害司法鉴定相关技术规范和标准的制定、修改和认定工作，规范鉴定程序，指导各地司法行政机关会同价格主管部门制定出台环境损害司法鉴定收费标准，加强与办案机关的沟通衔接，更好地满足办案机关需求。

会议要求，司法部应当根据《关于严格准入严格监管提高司法鉴定质量和公信力的意见》（司发〔2017〕11号）的要求，会同生态环境部加强对环境损害司法鉴定机构的事中事后监管，加强司法鉴定社会信用体系建设，建立黑名单制度，完善退出机制，及时向社会公开违法违规的环境损害司法鉴定机构和鉴定人行政处罚、行业惩戒等监管信息，对弄虚作假造成环境损害鉴定评估结论严重失实或者违规收取高额费用、情节严重的，依法撤销登记。鼓励有关单位或者个人向司法部、生态环境部举报环境损害司法鉴定机构的违法违规行为。

会议认为，根据《环境解释》的规定精神，对涉及案件定罪量刑的核心或者关键专门性问题难以确定的，由司法鉴定机构出具鉴定意见。实践中，这类核心或者关键专门性问题主要是案件具体适用的定罪量刑标准涉及的专门性问题，比如公私财产损失数额、超过排放标准倍数、污染物性质判断等。对案件的其他非核心或者关键专门性问题，或者可鉴定也可不鉴定的专门性问题，一般不委托鉴定。比如，适用《环境解释》第一条第二项“非法排放、倾倒、处置危险废物三吨以上”的规定对当事人追究刑事责任的，除可能适用公私财产损失第二档定罪量刑标准的以外，则不应再对公私财产损失数额或者超过排放标准倍数进行鉴定。涉及案件定罪量刑的核心或者关键专门性问题难以鉴定或者鉴定费用明显过高的，司法机关可以结合案件其他证据，并参考生态环境部门意见、专家意见等作出认定。

15. 关于监测数据的证据资格问题

会议针对实践中地方生态环境部门及其所属监测机构委托第三方监测机构出具报告的证据资格问题进行了讨论。会议认为，地方生态环境部门及其所属监测机构委托第三方监测机构出具的监测报告，地方生态环境部门及其所属监测机构在行政执法过程中予以采用的，其实质属于《环境解释》第十二条规定的“环境保护主管部门及其所属监测机构在行政执法过程中收集的监测数据”，在刑事诉讼中可以作为证据使用。